KB169727

# 작가들과
# 반려동물의 사생활

Writers and Their Pets

## 작가들과 반려동물의 사생활

**펴낸날** 초판 1쇄 2020년 8월 25일
**지은이** 캐슬린 크럴 | **그린이** 바이올렛 르메이 | **옮긴이** 전하림 | **펴낸이** 신형건
**펴낸곳** (주)푸른책들·임프린트 에프 | **등록** 제321-2008-00155호
**주소** 서울특별시 서초구 양재천로7길 16 푸르니빌딩 (우)06754 | **전화** 02-581-0334~5 | **팩스** 02-582-0648
**이메일** prooni@prooni.com | **홈페이지** www.prooni.com
**인스타그램** @proonibook | **블로그** blog.naver.com/proonibook
**ISBN** 978-89-6170-777-0 03990

First published in the United States under the title:
WRITERS AND THEIR PETS: TRUE STORIES OF FAMOUS ARTISTS AND THEIR ANIMAL FRIENDS
Copyright © 2019 by Duo Press, LLC
All rights reserved.
This Korean edition was published by Prooni Books, Inc. in 2020 by arrangement with Workman Publishing Company, Inc.
New York, on behalf of Duo Press, LLC through KCC(Korea Copyright Center Inc.), Seoul.
이 책은 (주)한국저작권센터(KCC)를 통한 저작권자와의 독점계약으로 (주)푸른책들에서 출간되었습니다.
저작권법에 의해 한국 내에서 보호를 받는 저작물이므로 무단전재와 복제를 금합니다.

＊이 도서의 국립중앙도서관 출판시도서목록(CIP)은 서지정보유통지원시스템 홈페이지(http://seoji.nl.go.kr)와
국가자료공동목록시스템(http://www.nl.go.kr/kolisnet)에서 이용하실 수 있습니다. (CIP제어번호:CIP2020023883)

ⓕ Fall in book, Fan of literature. 에프는 종이책의 새로운 가치를 생각하는 푸른책들의 임프린트입니다.
**에프 블로그** blog.naver.com/f_books

# 작가들과
# 반려동물의 사생활

Writers and Their Pets

캐슬린 크럴 지음 | 바이올렛 르메이 그림 | 전하림 옮김

# 차례

# 들어가며

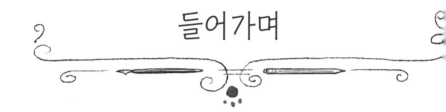

반려동물과 함께한 작가들의 오랜 역사는 참으로 매혹적이다.

글을 쓴다는 것은 외로운 일이다. 이는 빈 페이지를 글로 채우기 위해 자신을 바깥세상과 단절시키고 홀로 싸우는 전투와도 같다. 작가들은 특별한 작품을 써 가는 길 곳곳에 자리한 일상적인 방해물들을 피해 고독하게 그 전투를 치러내야 한다.

그러나 반려동물은 작가들이 혼자가 아니라는 사실을 일깨워 준다. 앞으로 펼쳐질 작가들의 이야기에서 반려동물들은 여러모로 매우 중요한 역할을 한다.

작가들이 출판사, 비평가, 문학상 심사 위원에게 외면당하고 힘들어할 때, 반려동물은 변함없이 늘 위안을 주는 충실한 친구이다. 그들은 언제나 주인의 기분에 주의를 기울이며 주인을 세심하게 보살피곤 한다.

작가들이 상상의 날개를 펴고 미지의 세계로 모험을 떠날 때, 반려동물은 그들에게 안전한 피난처를 제공해 준다. 작가가 대중 앞에 가면을 쓰고 나타나야 할 때도 이들만은 동반자로서 작가의 진정한 모습을 이해해 준다.

반려동물은 작가의 여린 마음을 보듬어 주는 역할도 한다. 마크 트웨인은 앙증맞은 고양이들을 무척이나 좋아한 것으로 유명했다. 그러나 누구도 어니스트 헤밍웨이를 따라갈 수는 없다. 그는 한때 무려 57마리나 되는 고양이들을 길렀으며 고양이를 '사랑의 스펀지', '가르릉 공장'으로 부르는 등 찬사를 아끼지 않았다.

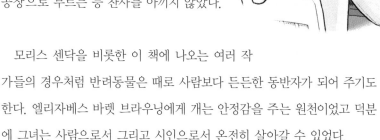

모리스 센닥을 비롯한 이 책에 나오는 여러 작가들의 경우처럼 반려동물은 때로 사람보다 든든한 동반자가 되어 주기도 한다. 엘리자베스 바렛 브라우닝에게 개는 안정감을 주는 원천이었고 덕분에 그녀는 사람으로서 그리고 시인으로서 온전히 살아갈 수 있었다.

버지니아 울프의 경우 반려동물은 수호자의 역할을 했다. 이는 정서적으로 건강한 생활을 영위하는 데 국한되는 말이 아니다. 파블로 네루다 같은 경우에는 반려견이 말 그대로 그의 목숨을 구해 주기도 했다.

방에 꼼짝없이 갇혀 움직임 없이 긴 시간을 보내는 작가들에게 반려동물은 긴장을 풀어 주고 휴식을 선사하며 삶의 활력소가 되어 준다. 그런 이유로 찰스 디킨스는 개들을 아꼈고, 윌리엄 포크너는 매일같이 말을 탔다. 반려동물은 사람이 내적으로나 외적으로 모두 건강할 수 있게 도와준다(말들이 포크너를 떨어뜨렸던 때는 제외하자). 또 곁에서 숨 쉬는 그들의 숨결을 느끼며 날마다 반려동물을 깨끗하게 돌봐 주는 일은 마음에 평화를 주는 소중한 일과가 될 수도 있다.

자신만의 세상에 갇혀 있기 쉬운 작가들이 밖으로 나가 세상 사람들과 교류하는 데 반려동물은 크나큰 역할을 한다. E. B. 화이트와 같은 몇몇 작가들은 이성의 관심을 끌기 위해 반려동물을 이용했고, 존 스타인벡과 같은 몇몇 작가들은 낯선 사람과 친해지기 위해 반려동물의 도움을 받았다. 게다가 반려동물은 이상적인 관객도 되어 준다. 가족이나 친구들이 피곤해 할 때에도 동물들은 결코 지치지 않고 작가의 이야기에 귀 기울여 준다.

플래너리 오코너의 경우처럼 반려동물은 작가의 하루하루를 환하게 밝혀 주는 재롱둥이이다. 반려동물을 데리고 사소하고 재미있는 장난을 치며 일부 작가들은 맘껏 놀지 못해서 혹은 반려동물을 기르지 못해서 불행했던 어린 시절을 보상받기도 한다.

거트루드 스타인을 비롯한 많은 작가들에게 반려동물은 글의 영감을 주는 뮤즈였다. 원기 왕성한 닭들과의 관계에서 앨리스 워커는 책 한 권을 쓸 만큼 큰 감명을 받기도 했으며, J. K. 롤링은 반려동물에게 예기치 못한 도움을 받아 악몽 같은 슬럼프에서 벗어날 수 있었다.

반려동물에 대한 사랑이 어찌나 각별했던지, 도로시 파커나 커트 보니것 같은 작가들은 생애 마지막 순간을 반려동물과 함께했다. 에드거 앨런 포의 카테리나처럼 주인이 세상을 떠나자 얼마 안 되어 바로 그 뒤를 따라간 반려동물도 있다.

감동과 재미뿐 아니라 행복까지 선사해 주는 작가들과 그들의 반려동물에 대한 이야기를 만나 보자.

*Elizabeth Barrett Browning*

# 엘리자베스 바렛 브라우닝

## 그녀가 사랑한 불멸의 개

"그와 나는 서로 떨어질 수 없는 동반자입니다. 그의 헌신에 대한 보답으로 나는 그와 늘 변치 않고 함께할 것을 맹세합니다."

엘리자베스 바렛 브라우닝의 이 말은 놀랍게도 그녀의 미래 남편이 될 시인 로버트 브라우닝을 향한 것이 아니었다. 그녀는 자신의 개를 생각하며 이 글을 썼다.

빅토리아 시대의 유명 시인 엘리자베스 바렛 브라우닝만큼 반려동물에 큰 애착을 가졌던 사람도 드물 것이다. 또 그녀의 개만큼 작가의 삶에 큰 영향을 미친 반려동물도 거의 없을 것이다.

보기 드물게 다작을 했던 어린 시인 엘리자베스는 불과 12세에 「마라톤 전투(The Battle of Marathon)」라는 서사시를 완성했다. 시 쓰는 일 외에는 위험할 정도로 빠르게 말을 몰았으며 산책과 소풍을 나가거나 가족들끼리 연극을 공연하는 것을 즐겼다. 그렇지만 그녀는 두통이나 척추 통증과 같은 병치레를 자주 했고 우울증으로 고생했다. 성장기 동안 자식을 사랑했지만 권위적이었던 아버지는 걸핏하면 그녀를 집에 가둬 두고 밖에 나가지 못하게 했다.

오늘날까지도 그녀가 정확히 어떤 병이나 합병증을 앓았는지는 밝혀지지 않았다. 그것이 육체적 질환이었든 정신적 질환이었든 그녀는 갈수록 세상과 더욱 담을 쌓고 작은 일에도 걱정하고 불안해하는 성격으로 자라 갔다. 그런 그녀를 위해 의사들이 한 일은 고작 아편·알코올 혼합물을 처방해 주는 정도였다. 그리고 이런 처방은 그녀의 증상을 오히려 악화시켰을지 모른다. 그녀는 대부분의 시간을 안개가 자욱하고 칙칙한 런던 집의 위층 자기 방에서 늘 검은색 옷을 입고 새장에 갇힌 비둘기와 더불어 보냈다.

30대에 접어들면서 그녀의 건강은 조금씩 호전되었다. 그렇지만 그녀는 여전히 가족 이외에는 다른 사람들을 거의 만나지 않았고 글도 쓰지 않았다. 그런데 어느 날 한 친구가 그녀에게 순종 코커스패니얼을 선물로 보내 주었다.

엘리자베스는 첫눈에 사랑에 빠졌다. '플러쉬'라는 이름을 붙여 준 그 개는 사랑스러움 그 자체였다. 편지를 찢어버리든 신발을 물어뜯든 책에 오줌을 싸든 그녀는 개의치 않았다. 플러쉬는 춤을 추다가 장난스럽게 엘리자베스의 머리 위로 올라가거나 또 어깨로 뛰어 내리며 그녀를 웃게 했고 매일 아침마다 엘리자베스의 손끝을 가볍게 깨물어 그녀를 잠에서 깨웠다. 엘리자베스가 잠자리에서 일어나면 둘은 나란히 앉아 커피를 마셨는데, 플러쉬는 재채기를 하면서도 꼭 자기도 사람처럼 컵에다 마시겠다고 우겼다. 가정부는 플러쉬를 목욕시켜 주고 목욕이 끝나면 엘리자베스의 숄로 물기를 닦아 주었다.

엘리자베스는 작은 일에도 많이 불안해하는 성격이었지만 충실한 플러쉬는 그런 그녀에게 기쁨과 안정감을 안겨 주었다. 그것이 바로 사람의 마음을 달래 주는 반려동물만의 특별한 능력이 아닌가 싶다. 점차 마음을 회복한 그녀는 편지로나마 외부 세계와도 접촉을 재개하게 되었고, 시도 다시 쓰기 시작했다.

엘리자베스의 작품은 실험적이고 때로는 충격적이었다. 그녀는 소네트, 발라드, 서사시, 극시(劇詩), 종교시 등 여러 형태의 다양한 작품들을 써 냈다. 그중에는 플러쉬의 윤기 나는 황금빛 털과 활기로 가득 찬 생명력을 칭송하는 「나의 개, 플러쉬에게(To Flush, My Dog)」라는 시도 포함되어 있다. 그녀는 훗날 영국의 시인 존 밀턴과 이탈리아의 시인 단테, 여성 운동을 겸한 작가 메리 울스턴크래프트와 같은 후대 작가들에게 문학적인 영향을 주었다.

그녀가 쓴 첫 번째 시집에는 그리스 정치 체제에 대한 열정이 잘 드러나 있다. 그 후에 쓴 시 「아이들의 절규(The Cry of the Children)」에서는 아동 노동 착취 실태를 규탄하여 관련법이 개정될 수 있도록 도왔다. 그러다 1844년에 펴낸 『시(Poems)』라는 시집이 대성공을 거두었다. 그리고 그 시집으로 여섯 살 연하인 로버트 브라우닝의 마음을 사로잡았다. 그는 "친애하는 바렛 양, 저는 당신의 시를 온 마음을 다해 사랑합니다."로 시작하는 편지를 보냈다.

이번에도 첫눈에 반한 사랑이었다. 그러나 시작은 평탄하지 않았다. 플러쉬가 한 번도 아니고 두 번이나 로버트를 깨물었기 때문이었다. 로버트는 플러쉬의 행동이 지극히 동물다운 행동임을 알았다. 그래서 현명하게 플러쉬가 좋아하는 케이크로 유인하여 자기편으로 만들었다. (플러쉬는 단 것을 좋아해서 마카롱이나 건포도 케이

크, 포도를 즐겨 먹었다고 한다)

　문학계의 가장 위대한 사랑 이야기로 남은 로버트와 엘리자베스의 연애는 비밀리에 이루어졌다. 엘리자베스의 아버지가 자식들 누구도 결혼을 하지 못하도록 금지시켰기 때문이다.

　이 당시 부유한 런던 집안들은 종종 키우던 개를 납치당해 곤욕을 치르곤 했다. 가여운 플러쉬도 세 번이나 납치를 당해 몸값을 내고 풀려났다. 세 번째 사건이 터졌을 때는 아버지의 반대에도 불구하고, 엘리자베스 본인이 직접 위험을 무릅쓰고 나서 몸값을 지불하고 플러쉬를 구조해 데려왔다. 그녀는 친구에게 편지로 "나는 플러쉬에게 완전히 빠져 버렸어. 다른 것에 대해선 아무것도 쓸 수 없을 정도야!"라고 고백하기도 했다. 그리고 이 일로 고무된 그녀는 대담하게도 다음과 같은 모험을 감행하기에 이르렀다.

　1846년 어느 날 오후, 엘리자베스는 한 서점에서 로버트와 만났다. 물론 플러쉬도 함께였다. 두 사람은 야간 페리에 승선해 영불 해협을 건넜고 프랑스를 거쳐 맑고 온화한 기후의 이탈리아에 정착했다.

　이탈리아에서 벼룩에게 시달리던 플러쉬는 결국 황금빛 털이 모두 짧게 깎이는 고초를 겪어야 했다. 반면에 엘리자베스는 꽃이 피듯 날로 활짝 피어났다. 생전 처음으로 외식도 해 보고, 모든 방면에서 행복과 건강을 되찾았다. 그러나 그녀의 아버지는 그렇게 사랑의 도피를 감행한 엘리자베스를 평생 용서하지 않았으며, 두 번 다시 만나지 않았다고 한다.

43세가 되던 해에 그녀는 아들 펜을 낳았다. 엘리자베스는 "펜은 아직 말도 제대로 못하면서 어떻게 알았는지 몸짓으로 자기 의사를 표현해. 거의 30분에 한 번씩 우리에게 놀라운 깨달음을 주곤 한다니까."라고 적었다. 플러쉬는 처음엔 질투심에 사로잡혔지만 곧 아기와도 끈끈한 정을 쌓았다. 엘리자베스는 이렇게 표현했다.

"플러쉬는 아무것도 잃은 게 없어. 오히려 가끔은 너무 열렬한 포옹과 뽀뽀 세례를 받곤 하지. 게다가 이 새로운 위계질서 속에서 누구라도 함부로 플러쉬에게 뭐라고 했다가는 큰일이 나. 우리가 어쩌다 플러쉬를 혼내기라도 하면 아이도 꼭 같이 울어 버리거든."

엘리자베스는 그 어느 때보다 훌륭한 글을 쓸 수 있었다. 유명한 '내가 그대를 어떻게 사랑하느냐고요?(How Do I Love Thee?)'로 시작하는 시가 수록된 『포르투갈어에서 옮긴 소네트(Sonnets from the Portuguese)』나 일과 사랑을 동시에 거머쥔 강인하고 독립적인 여성이 주인공으로 나오는 『오로라 리(Aurora Leigh)』 같은 대표작들도 모두 이때 나왔다.

엘리자베스의 영향을 받은 많은 작가들 중에 에드거 앨런 포를 빼놓을 수 없다. 그녀는 포가 좋아한 얼마 되지 않는 동시대 작가였다. 포는 엘리자베스가 지은 한 시에서 따온 운율로 「갈가마귀(The Raven)」라는 시를 썼는데, 그녀가 그 작품을 칭찬하자 그 시가 수록된 시집인 『갈가마귀와 다른 시들(The Raven and Other Poems)』을 그녀에게 헌정하며, 그녀를 '가장 고귀한 여성'이라고 칭송했다.

엘리자베스는 문학뿐만 아니라 행동으로도 사회적 불평등에 대한 반대 입장을 공공연히 드러냈다. 아동 노동 착취 문제뿐 아니라 미국의 노예 제도, 외국인 지배자들에 의해 이탈리아인들이 겪는 부당함에 대해서도 지속적으로 목소리를 높였다.

플러쉬는 1854년에 편안히 죽음을 맞았다. 엘리자베스는 슬퍼하고 애도하면서도 꿋꿋이 이겨내고 살다가 자신도 7년 후에 로버트의 품에서 세상을 떠났다.

그러나 플러쉬의 존재는 쉽게 사라지지 않았다. 꽤 오랜 세월이 흐른 1933년에 나온 『플러쉬: 어느 저명한 개의 전기(Flush: A Biography)』에서 버지니아 울프는 플러쉬를 책의 화자로 등장시켰다. 이 책은 개의 삶을 다룬 재치 넘치는 오락물인 동시에, 엘리자베스 바렛 브라우닝의 삶을 서술한 전기이자 억압받는 여성이 자유를 쟁취해야 할 필요성을 재조명한다는 인기 있는 주제를 다룬 작품이었다.

플러쉬는 여러모로 불멸의 존재가 된 셈이다.

Edgar Allan Poe

# 에드거 앨런 포

## 무섭고도 기이한

　에드거 앨런 포는 결코 미소 짓는 법이 없었다. 그가 끔찍이도 아끼던 고양이가 어깨 위에 걸터앉아 애교를 부릴 때도 매한가지였다. 비록 불운한 생애를 살다 갔지만, 그는 다재다능한 작가로 추리 소설과 공포 소설의 창시자였고 공상 과학 소설이 장르로 발전하는 데 지대한 공헌을 했다. 또한 유일하게 모르는 사람이 없을 정도로 유명한 미국 시도 바로 그의 작품이다.

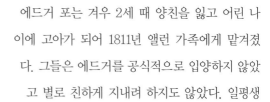

에드거 포는 겨우 2세 때 양친을 잃고 어린 나이에 고아가 되어 1811년 앨런 가족에게 맡겨졌다. 그들은 에드거를 공식적으로 입양하지 않았고 별로 친하게 지내려 하지도 않았다. 일평생 그는 부모의 사랑을 받지 못하고 자란 것을 커다란 한으로 여겼다. 다른 사람들과 가깝게 지내는 일은 그에게 무엇보다도 어려운 일이었다.

포는 사람보다 고양이와 함께 있는 것을 좋아했다. 한번은 애정이 가득한 말투로 "내가 고양이만큼이나 신비한 글을 쓸 수 있다면 좋을 텐데."라고 고백하기도 했다.

그는 대학을 중퇴한 뒤 큰 도박 빚을 지고 웨스트포인트 육군사관학교에서도 퇴학을 당했다. 그 후로 버지니아주의 리치몬드에서 한 문학 잡지의 편집자로 일하게 되면서 글쓰는 일에 발을 들였다. 포가 쓴 기발한 글들과 유쾌하면서도 통렬한 평론은 잡지의 판매 부수를 몇 배나 늘려 주었고 그동안은 단 두 번밖에 해고되지 않았다. 그 기세를 몰아 필라델피아와 뉴욕에 있는 여러 저명한 잡지사들의 편집부에서 일하게 된 그는 성공을 꿈꾸며 밤마다 글쓰기에 매진했다. 그가 주로 쓴 글은 무섭고도 기이한 단편소설과 시였다.

그는 미국의 유명 작가들 중 처음으로 창작 활동만을 통해 생계유지를 시도한 작가였다. 그 결과, 그는 일적으로나 생활적으로 늘 돈에 쪼들렸다. 당시 출판사들은 관례적으로 작가들을 속이기 일쑤였고 작가들도 다른 작가들의 글을 별 생각 없이 표절하는 경우가 허다했다. 게다가 포에게는 자신을 도와줄 수 있는 바로 그 당사자들을 적으로 돌리는 고약한 버릇이 있었다. 그는 밤새도록 섬뜩한 이야기들을 쓰며 강연회나 낭독회 등을 통해 벌어들인 수입으로 생계를 이어 갔다. 그럼에도 (아직 의절하지 않은) 주변 친구들이나 이웃들에게 돈을 구걸해야 하는 상황이 자주 생겼다.

그러던 어느 날 딱정벌레를 주인공으로 한 「황금 풍뎅이(The Gold Bug)」라는 단편소설이 필라델피아의 한 신문사 공모에 당선되었다. 그는 상금으로 100달러를 받았으며, 그 사건은 그의 시야를 넓혀 주는 계기가 되었다. 한편 그가 쓴 「갈가마귀(The Raven)」는 섬뜩한 분위기를 풍기는 시로 "까마귀가 말하길 '이젠 끝이야.'(Quoth the Raven 'Nevermore')"라는 애통한 문구가 반복된다. 그는 이 시를 통해 단돈 15달러밖에 벌지 못했지만 대신 세계적인 명성을 얻게 되었다. 신문사들은 앞 다투어 그의 시를 패러디했고 길에서는 아이들이 두 팔을 펄럭이면서 "이젠 끝이야!"를 연신 외치며 그의 뒤를 따라다녔다. 이 시는 훗날까지 미국 문학 역사상 가장 유명한 시 가운데 하나로 남았다.

『모르그 가의 살인사건(The Murders in the Rue Morgue)』을 포함한 여러 소설을 통해 그는 최초로 현대 추리 소설을 쓴 작가가 되었다. 그러나 그보다 그의 마음을 더욱 강하게 이끈 장르는 공포 소설이었다. 그를 가장 매료시킨 주제는 죽음이었다. 죽음이 초래한 육체적 흔적, 시체가 부패되는 과정, 결과, 산 채로 땅에 묻히는 공포, 죽었다가 다시 살아나는 사람, 애도라는 그 어두운 고통…… 비범한 문체의 소설 속 분위기는 그야말로 독특하고 어두웠다. 『어셔가의 몰락(The Fall of the House of Usher)』, 『붉은 죽음의 가면(The Masque of the Red Death)』, 『때 이른 매장(The Premature Burial)』, 『비뚤어진 작은 악마(The Imp of the Perverse)』, 『고자질하는 심장(The Tell-Tale Heart)』, 『정복자 벌레(The Conqueror Worm)』, 『귀신 들린 궁전(The Haunted Palace)』, 『함정과 진자(The Pit and the Pendulum, 이 작품에선 쥐들이 주인공이다)』처럼 제목만 봐도 오싹한 분위기의 소설들이었다.

그의 유난히 단정한 필체 또한 많은 사람들에게 회자되던 이야깃거리였다. 그는 일반 종이에 글을 쓴 다음 그 종이들을 길게 봉랍으로 이어 붙이고 깔끔하고 단단한 하나의 두루마리로 말았다. 그리고 작품을 낭독할 때 그 두루마리를 조금씩 펴 가면서 읽었다.

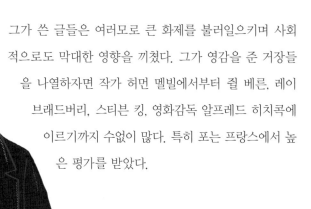

그가 쓴 글들은 여러모로 큰 화제를 불러일으키며 사회적으로도 막대한 영향을 끼쳤다. 그가 영감을 준 거장들을 나열하자면 작가 허먼 멜빌에서부터 쥘 베른, 레이 브래드버리, 스티븐 킹, 영화감독 알프레드 히치콕에 이르기까지 수없이 많다. 특히 포는 프랑스에서 높은 평가를 받았다.

에드거 앨런 포는 애완용 까마귀를 기르지 않았다. 까마귀를 기른 사람은 포가 아니라 그 당시 살아 있던 작가 중 그가 유일하게 존경한 작가인 찰스 디킨스였다. 포가 쓴 「갈가마귀」 시는 바로 그 디킨스가 기른 까마귀에게 영감을 받은 것이었다. 서투른 유머 감각의 소유자였던 포는 집을 찾아온 손님들에게 자신은 까마귀를 반려동물로 삼는 데 실패했다는 등의 재미없는 농담을 날렸다. 때때로 포는 돈을 벌기 위해 종종 농담 글을 쓰기도 했는데, 그의 농담은 사실 별로 웃기지 않았다. 예를 들면 '질문: 피투성이 고양이는 왜 질문과 같을까? 대답: 왜냐하면 그 고양이가 범주(category(범주)와 catty gory(피투성이 고양이)의 발음이 비슷하다는 의미로 쓴 농담)이기 때문이다.'와 같은 농담이었다.

포의 반려동물은 고양이였다. 그의 첫 번째 고양이
는 검은 고양이로, 가볍게 폴짝 뛰어올라 부엌문 손잡
이에 적당히 힘을 주어 문을 여는 놀라운 묘기를 선보
일 수 있었다고 한다. 그는 그 고양이에게 극찬을 퍼
부으며 "이 글을 쓴 작가는 세상에서 가장 놀
라운 능력을 가진 검은 고양이의 주인이
랍니다. 그리고 이건 대단한 일이 아닐 수
없습니다. 언젠가 검은 고양이들은 모두 마녀
로 기억될 것이기 때문이지요."라고 쓰기도 했다.

그가 기른 고양이들 중 가장 유명한 고양이는 검은색, 갈색, 주황색, 흰
색이 섞여 있는 '카테리나'라는 이름의 얼룩 고양이였다. 둘은 서로를 극진
히 아꼈다. 카테리나는 포가 여행을 떠나고 없을 때면 우울증에 빠져 곡
기를 끊을 정도였다. 또 포가 앉아서 글을 쓰고 있으면 그의 목덜미를 타
고 어깨 위로 기어 올라가 그가 글 쓰는 모습을 지켜보았다. 그렇게 앉아서
그가 글을 쓰고 있는 동안은 절대 그 어깨에서 내려가지 않았다. 한번은
포의 집을 방문한 손님이 그 고양이를 보고 "마치 세상이 자신의 통제 하
에 돌아가는 양 의기양양하게 가르랑거리는군."이라고 표현한 적도 있었다.

그러나 포에게는 그게 제아무리 사랑스러운 반려동물일지라도 무엇이
든 공포물로 둔갑시킬 수 있는 기막힌 능력이 있었다. 그리고 그에 걸맞게
주인공 고양이의 끔찍한 최후를 그린 「검은 고양이(The Black Cat)」라는 공

포 소설을 써냈다.

포는 버지니아라는 나이 어
린 사촌과 결혼했다. 그는 그녀
를 '누이'라고 불렀는데, 어쩌
면 그들의 관계가 남편과 아내
라기보다는 형제자매에 더
가까워서였는지도 모른다.
그는 종종 누이에게 자신
이 쓴 시를 소리 내어 읽어
주었으며 자신이 직접 쓴 글

에 감정이 북받쳐 울음을 터뜨릴 때도 있었다. 허약한 체질이던 버지니아
는 몸이 자주 아팠지만 포는 오히려 그녀의 그런 점에 더욱 마음이 이끌렸
다. 그녀의 병환은 그가 글을 쓰는 데 많은 영감을 주었다. 버지니아가 기
침을 하다 피까지 토했을 때는 그녀가 당시 불치병이던 폐결핵에 걸려 죽
어가고 있음이 명백했는데도 포는 현실을 인정하지 않고 끝까지 그녀가 회
복될 것이라 믿었다.

부부의 수중에 소유물이라고 할 만한 것은 별로
없었다. 고양이 한 마리, 새장에 사는 열대 조류 몇
마리, 책 몇 권 그리고 그가 직접 만든 소나무 탁자
두 개가 전부였다. 그들은 하숙집 방에 세 들어 살
았다. 어떤 때는 돈이 너무 없어서 몇 주 동안 빵과
당밀만을 먹고 산 적도 있었다.

얼음같이 차가운 방에서 밀짚으로 만든 침대에 누이가 누워 있으면 포는 자신의 낡은 군용 코트를 그 위에 덮어 주고 또 그 위에 카테리나를 재워 온기를 더했다. 결국 버지니아는 겨우 24세에 세상을 떠나고 말았다. 포는 슬픔의 나락으로 빠져들었지만 비탄 속에 허우적거리면서도 한편으론 시를 통해 다른 여인들의 마음을 갈구했다.

그로부터 2년 후, 포는 40세의 나이에 볼티모어의 한 술집에서 죽은 채로 발견되었다. 그의 죽음이 음주로 인한 것이었는지(그에게는 건강에 해를 끼칠 정도로 술을 마시는 버릇이 있었다) 혹은 심장마비나 다른 사인이었는지는 끝내 명확히 밝혀지지 않았다. 단지 수수께끼 같은 그의 죽음을 두고 여러 학자들이 내놓은 수십 가지 가설이 있을 뿐이다.

사인이 어쨌든 그로 인해 카테리나는 말로 못할 타격을 입었다. 그리고 포가 세상을 떠난 지 단 2주 만에 카테리나 역시 죽은 채로 발견되었다.

    에드거 앨런 포는 현대의 미식축구에도 영향을 끼쳤다. 볼티모어 레이븐스 팀의 이름은 포의 그 유명하고도 섬뜩한 까마귀 시에서 이름을 따온 것이다. 게다가 이 팀의 마스코트 이름은 '포'이며 이외에도 '에드거'와 '앨런'이라는 마스코트가 있었다. 이들은 2008년까지 함께 활동하다가 은퇴했다.

Charles Dickens

# 찰스 디킨스

## 까마귀 주인

　영국 출신의 찰스 디킨스는 역사상 가장 중요하고 커다란 영향력을 끼친 작가 중 한 명이다. 그는 일평생 15편의 장편소설을 썼고(그중 10편은 800쪽이 넘을 정도로 아주 긴 분량이다), '그립 더 노잉'이라는 이름의 까마귀를 반려동물로 기르며 무척 애지중지했다.

불우한 어린 시절을 보낸 찰스 디킨스에게는 반려동물을 키울 만한 돈이나 시간이 없었다. 아버지가 빚 문제로 교도소에 들어가는 바람에 12세밖에 안 된 나이로 학교를 그만두어야 했던 그는 학교에서 공부를 하는 대신 공장에서 구두약에 상표를 붙이는 일을 했다. 그래서인지 그의 소설에서는 교도소나 정신적인 고통을 받으며 착취당하는 아이들이 자주 등장한다.

아버지가 마침내 교도소에서 석방되어 나왔으나 찰스의 어머니는 아들이 계속 일하며 돈을 벌어다 주길 바랐다. 찰스는 용케 1~2년 정도 더 학교를 다닐 수 있었다. 그는 이 시절에도 짧은 이야기를 써서 학교 친구들에게 구슬을 받고 팔았다고 한다.

열심히 노력한 그는 차근차근 단계를 밟아 신문 기자가 되었다. 그리고 더 나아가 잡지에 소설이나 수필을 기고하기 시작했다. 첫 연재소설인 「피크위크 페이퍼스(The Pickwick Papers)」가 큰 성공을 거두며, 디킨스는 24세의 나이에 현존하는 최고 인기 소설가가 되었다. 그 기세를 몰아 사상 최초로 어린아이를 주인공으로 삼은 『올리버 트위스트(Oliver Twist)』, 『니콜라스 니클비(Nicholas Nickleby)』, 디킨스 본인이 가장 마음에 들어 했던 작품인 『데이비드 코퍼필드(David Copperfied)』를 비롯해 『황폐한 집(Bleak House)』,

『두 도시 이야기(A Tale of Two Cities)』, 『위대한 유산(Great Expectations)』 등 위대한 명작들을 속속 내놓았다. 그의 소설은 보통 연재물 형식으로 발간되었는데 덕분에 그는 독자들이 어떤 반응을 보이는지를 확인할 수 있었고 이를 활용해 중간 중간 줄거리나 등장인물의 행보를 바꾸었다고 한다.

크리스마스를 기념하는 사람이라면 크리스마스 정신의 싹을 틔워 준 찰스 디킨스에게 감사해야 할 것이다. 오늘날의 크리스마스가 있게 하는 데 커다란 공헌을 한 것이 바로 디킨스의 소설 『크리스마스 캐럴(A Christmas Carol)』이기 때문이다. 그 이전까지 그저 종교적인 한 날짜에 불과했던 크리스마스는 이 소설을 통해 비로소 베풂을 실천하는 가족 중심의 큰 명절로 거듭날 수 있었다. "메리 크리스마스!"라고 인사를 나누는 풍습이나, 심술꾸러기 구두쇠 에베니저 스크루지 영감의 유명한 대사인 "흥! 망할 놈의 크리스마스!(Bah! Humbug!, 성탄절에 관련된 모든 것이 마음에 들지 않아 내는 탄식의 표현)"도 모두 그 책에서 나왔다.

디킨스에게는 연재소설을 손에 땀을 쥐게 하는 결말로 끝맺는 기발한 재주가 있어서 독자들은 그의 소설을 읽을 때마다 긴장의 끈을 놓을 수 없었다. 얼마나 인기가 대단했는지 글을 읽지 못하는 사람들조차 매달 그의 새 이야기가 발표되면 푼돈을 내고 글 읽어 주는 사람을 찾아갔을 정도였다. 인기 문학이라는 새로운 양식이 디킨스로 인해 창조되었다고 해도 과언이 아니었다.

독자들은 디킨스의 유머 감각과 탄탄한 줄거리 외에도 그가 창조해 내는 다채로운 인물들에게 열광했다. 그는 세상에서 가장 유명한 소설 주인공들을 여러 명 창조했다. '디킨스 풍'이라는 용어까지 생겨났으며 이는 비참한 사회적 환경 및 우스꽝스러울 정도로 혐오스러운 인물들이 나오는 작품을 묘사하는 말로 쓰이곤 했다.

그의 작품들은 연극 무대를 위해 각색되기에도 제격이었다. 그래서 종종 런던 소재의 극장 스무 군데에서는 그의 최신 소설이 나오기가 무섭게 연극으로 제작해 공연을 올렸다. 연극은 글을 읽지 못하는 사람들이 그의 이야기를 즐길 수 있었던 또 하나의 방식이었다.

한편으로는 디킨스 자신도 매우 뛰어난 연기자였다. 그는 연극에 관심이 많았고, 젊은 시절에는 전업 배우가 될 뻔도 했다. 그는 돈을 버는 데는 글을 쓰는 일보다 낭독을 하는 일이 훨씬 유리하다는 사실을 깨달은 뒤, 여러 곳을 활발히 돌아다니며 자신의 소설을 실감나게 읽어 주고 독자들의 마음을 사로잡았다. 그는 저명한 유명인사로서 대중에게 사랑받았고 당대 최고의 이야기꾼이자 연사로서 대접받았다. 이 역할은 훗날 마크 트웨인이 이어 받았으며, 트웨인은 디킨스를 이 방면의 선구자로 꼽으며 칭송하였다.

이전 그 어느 작가보다 살아있는 동안 큰 인기를 누린 디킨스는 3층짜리 대저택으로 이사해 들어갔다. 그는 캐서린 호가스와 결혼하고 정착하여 슬하에 아홉 자녀를 두었다. 부부 사이가 좋을 때는 아내를 '생쥐' 혹은 '사랑스런 돼지'라고 불렀으나 사이가 안 좋을 때는 '당나귀'라고 불렀다고 한다. 훗날 그는 27살 연하의 여배우를 만나 캐서린을 떠났다. 그리고 죽을 때까지 그 여배우와 함께 살았다.

어른이 되어 원하는 동물은 뭐든 키울 수 있게 된 디킨스는 수많은 동물들을 사들였다. 개뿐 아니라 카나리아 새, 조랑말, 독수리, 고양이까지 그 종류도 다양했다. 그중에서 그가 가장 아끼고 좋아한 동물은 그립 더 노잉이라고 이름 붙인 까마귀였다. 그 까마귀에게 아이들과 하인들이 발목을 깨물리는 일도 더러 발생했지만 디킨스는 그 새가 쉴 새 없이 지껄이는 모양새에 완전히 반해 버렸다. 그립은 사람들이 말하는 걸 흉내내기도 했는데 그럴 때면 디킨스는 귀여워 어쩔 줄을 몰라 하며 새가 내뱉는 어휘를 기록으로 남기곤 했다.

GRip

어이, 거기 늙은 여인!

나아가 그립 더 노잉은 문학사에서도 한몫을 톡톡히 했다. 디킨스는 소설 『바나비 러지(Barnaby Rudge)』에 그 까마귀를 등장시켰는데 이 작품이 매우 마음에 들었던 에드거 앨런 포가 여기서 영감을 얻어 그 유명한 까마귀가 내뱉는 모든 불길하고도 예언적인 발언에 대한 시인 「갈가마귀」를 써낸 것이다.

어느 날 그립이 떨어진 흰색 페인트 조각을 주워 먹고 몇 달 뒤에 죽고 말았다. 디킨스는 이 새의 마지막 순간을 다음과 같이 엉뚱할 정도로 과장되게 기록했다.

"그는 말과 마부의 가족에 대한 말을 아무렇게나 지껄이더니 임박해 오는 자신의 소멸을 예감하여 하는 말인지 아니면 마당 이곳저곳에 몰래 묻어 둔, 동전이 거의 대부분을 차지하는 자신의 얼마 안 되는 재산을 처분하는 일에 대한 소망을 표하는 말인지 뜻 모를 소리를 얼마간 덧붙였습니다. 그런 후에 시계가 12시를 치자 약간 불안해하는 모습을 보이다가 다시 곧 기력을 되찾고 막사를 따라 두세 발자국 걷고는 다시 멈춰 서서 기침을 하고 몸을 비틀거리면서 '어이 거기 늙은 여인!'이라고 외친 뒤 끝내 숨을 거두었습니다."

그립이 죽은 뒤에 디킨스는 그립의 몸을 전문가에게 맡겨 박제했다. 그리고 허전해진 자리를 대신하기 위해 다른 까마귀들을 들였다. 그 까마귀들에게는 '그립 더 클레버'나 '그립 더 위키드'라는 이름을 붙였다.

디킨스는 거위 깃이 달린 펜에 파란 잉크를 묻혀 회청색 종이에 글을 썼다. 또 완전한 적막 속에 놓이길 좋아해서 글을 쓸 때면 서재에 이중 덧문을 설치하여 바깥 소음을 막았다. 그는 매일 규칙적으로 같은 시간대에 글을 썼으며 글감이 떠오르지 않으면 낙서를 하거나 창문 밖을 물끄러미 바라보곤 했다.

동물들은 디킨스에게 안정감을 가져다 주었다. 그는 앉아서 글을 쓰는 데 들이는 시간과 정확히 같은 시간 동안 밖에 나가 개를 산책시키는 것을 방침으로 삼았다. 걷는 속도가 매우 빨랐던 디킨스는 한 시간에 7.7킬로미터를 걷는 기록을 세우기도 했는데 그렇게 꾸준히 걸은 덕에 런던 지리에 대해서라면 백과사전 못지않게 해박한 지식을 얻게 되었다.

　디킨스는 생애 마지막 10년간은 귀가 들리지 않는 고양이를 데리고 살며 그 고양이만큼은 글을 쓸 때도 곁에 머무르게 해 주었다고 한다. 오랜 순회 여행으로 기력이 많이 약해진 그는 어느 날 갑작스럽게 발작을 일으켜 세상을 떠났다.

　영국 문학사를 통틀어 윌리엄 셰익스피어에 버금가는 위대한 작가로 평가받는 그는 이런 질문을 남겼다.

　"고양이에게 사랑받는 일보다 더욱 위대한 선물이 또 있을까?"

　그가 사랑한 고양이들은 관심을 받고 싶으면 그의 책상에 올라와 일부러 촛불을 꺼트릴 정도로 영리했다. 가장 아꼈던 고양이 '밥'이 죽었을 때 디킨스는 너무도 애통한 나머지 밥의 앞발 하나를 잘라 박제한 후, 상아로 만든 편지 개봉용 칼에 '1862년, 밥을 추모하며'라는 글귀와 함께 붙여 넣었다.

Mark Twain

# 마크 트웨인

## 코미디와 고양이에 관하여

"누구든 고양이를 좋아하는 사람이라면 더 이상의 소개말은 필요 없습니다. 이미 나는 그 사람의 친구이자 동료입니다."

이는 미국인들의 사랑을 한 몸에 받는 유명인사 마크 트웨인이 한 말이다. 그는 소설가이자 유머 작가, 인기 연예인, 정치 철학가, 기행문 작가였다.

마크 트웨인의 삶은 각종 사건사고와 비극으로 가득했다. 그럼에도 그는 용기를 잃지 않고 할 수 있는 최대한 유머감각을 끌어내 용감하게 불행에 맞섰다. 그리고 자신이 겪은 고통과 번민을 유머 넘치는 글로 승화시켰다. 그의 좌우명은 다음과 같았다.

> 웃음이라는 공격에 맞설 수 있는 것은 아무 것도 없다.

그에게 유머는 일종의 무기였다. 어려운 시기를 헤쳐 나갈 수 있게 도와주고, 외로움을 덜어 줄 수 있는 삶의 활력소였다.

고양이도 마찬가지였다. 경제적 여유가 생기면서부터 그는 여러 마리의 고양이들과 함께 살았다.

마크 트웨인이 익살스러운 글로 명성을 떨치기 시작한 건 30세를 넘어서부터였다. 그 전까지는 15세에 처음 미주리주 한니발 지역에서 직업 전선에 뛰어든 이래 온갖 방면의 일자리를 전전하며 살았다. 그때 그는 어디에서 무슨 일을 하든 늘 책만은 옆구리에 끼고 다

녔다고 한다. 한시도 가만히 있지 못하는 성격에 야망까지 넘쳤던 그는 많은 곳을 열심히 돌아다녔다. 견습공 시절 그가 가장 행복했던 때는 미시시피강의 증기선 선장 밑에서 일하던 때였다. (그는 본명 '사무엘 클레멘스' 대신 증기선에서 쓰이는 용어를 따 '마크 트웨인'이라는 필명을 짓기도 했다) 배를 타고 강 위를 떠다니는 선장은 그에게 무엇보다 이상적인 직업으로 보였다. 벌이도 좋고 사람들의 존경도 받을 수 있는 데다가 자유롭고 자급자족이 가능한 직업이기 때문이었다.

글 쓰는 일로도 이런 특전을 얻는 게 가능했을까? 그는 인쇄소의 견습공 자리부터 시작해 차근차근 단계를 밟아 올라가며, 친형이 경영하던 신문사에 기사나 일러스트를 기고하고 다른 신문사에 편지를 보내기도 하며 종국에는 기자로 취직하기에 이르렀다. 그러던 어느 날 그에게 문득 한 개구리에 대한 멋진 발상이 떠올랐다.

트웨인이 정말로 신기한 개구리를 손에 넣었다는 말은 아니다. 다만 그에게 중요한 도약을 이루어 준 익살스런 책의 주인공 '캘러베러스의 명물 뜀뛰는 개구리'는 그렇게 탄생했다. 그는 자신이 소위 '저급 문학(익살맞은 글쓰기)'에 소질이 있다는 사실을 깨달았다.

"자랑스러운 일이라고 할 수는 없지만 나의 장기임에

는 분명합니다."

그는 이런 식으로 표현했는데, 당시 미국 문학계에서 해학이나 유머는 아직 생소한 형태로 여겨지며 별로 존중받지 못했기 때문이다.

그렇게 나온 첫 책의 제목은 『캘러베러스의 명물 뜀뛰는 개구리 및 다른 이야기들(The Celebrated Jumping Frog of Calaveras County and Other Sketches)』이었다. 안타깝게도 잘 팔리지는 않았다. 그 다음에 서부에서의 경험을 바탕으로 펴낸 『서부 유랑기(Roughing It)』는 반응이 조금 더 나았다.

올리비아 랭던과의 첫 번째 데이트에서 그는 그녀를 데리고 유명 작가이자 뛰어난 연설가인 찰스 디킨스를 보러 갔다. 랭던의 아버지는 트웨인에 대한 뒷조사를 실시했는데, 트웨인이 이 직업 저 직업을 전전하며 미국 전역을 떠돌아다닌 만큼 보고서는 부정적인 내용으로 가득했다. 그럼에도 트웨인은 포기하지 않고 끈질기게 구애했고, 결국은 랭던 가족의 마음을 모두 얻어낼 수 있었다.

트웨인을 유명하게 만든 작품은 미시시피 강변에 사는 아이들을 주인공으로 내세운 일련의 소설들이었다. 첫 번째는 톰과 친구들의 재미있고 익살스러운 활약상을 담은 『톰 소여의 모험(Adventure of Tom Sawyer)』으로, 여기서 트웨인은 유년기를 신선하고 새로운 시선으로 그려냈다. 그의 작품에 등장하는 아이들은 어른의 권위에 무조건 고분고분 따르지 않는다. 그가 그리는 유년기는 재미있고 애정이 넘치며 장난기로 가득한 시절이다.

헉 핀은 원래 『톰 소여의 모험』에 나오는 주변 인물이었다. 학교에도 다니지 못하고 아버지에게 학대당하며 결국은 도망치는 신세에 놓인 이 친구에게 트웨인은 자신만의 이야기를 만들어 주기로 결심했다. 그로 인해 탄생한 책이 『허클베리 핀의 모험(Adventures of Huckleberry Finn)』이었다. 이 책에는 주인공 헉 핀이 소위 문명이라 불리는 원치 않는 환경으로부터 벗어나는 과정과 도주 중인 노예인 짐을 도와주며 고군분투하는 이야기가 담겨 있다.

트웨인이 어려서부터 살아온 미주리주는 노예 제도가 허용되던 고장이었다. 그 부끄러운 과거의 흔적은 『허클베리 핀의 모험』에서도 그대로 드러나 있는데, 일부 사람들은 트웨인이 그 책에서 미국 흑인들을 차별적인 눈으로 깔보고 있다며 논쟁을 일으켰다. 그러나 사실 트웨인은 노예제를 경멸했고 인종차별주의에 몸서리를 쳤으며 각처의 대학에서 공부하는 흑인 학생들의 학비를 후원해 주기도 했다.

글쓰기로 부를 축적한 그는 가족들을 데리고 코네티컷주의 하트퍼드에 있는 농장으로 이사했다. 19개의 호화스러운 방과 5개의 욕실이 있는 대저택이었다. 여름에는 뉴욕주 엘마이라 부근에 있는 농장에 가서 지냈다. 그곳에 가면 그는 사방에 창문이 있는 팔각형의 작은 방에서 타자기로 글을 쓰며 시간을 보냈고(그는 타자기를 사용한 최초의 전업 작가였다), 가족들은 그가 필요할 때면 나팔을 불어서 그를 호출했다.

트웨인은 세 딸에게 콜리 종의 개를 한 마리씩 선물해 주었다. 그가 붙여준 개들의 이름은 각각 '나는 안다', '너는 안다', '모른다'였다. 그러나 그는 사실 개보다는 고양이에게 마음이 주로 끌렸다.

"난 고양이라면 영 못 당해 내겠어. 특히 가르랑거리며 미태를 부리는 녀석들이라면 말이야. 걔네들은 내가 아는 것들 중 가장 깔끔하고 교활하면서도 지능적인 존재들이야."라고 언젠가 말한 적도 있다. 그는 종종 여러 면에서 동물이 인간보다 우월하다고 언급했다.

그는 동시에 무려 11마리나 되는 고양이를 기른 적도 있었다. 그 고양이들을 어깨 위에 얹고 다니며 사람처럼 개성을 부여해 주기도 했다.

하루는 딸 클라라가 병원에 입원하면서 '밤비노'라고 이름 붙인 새끼 고양이 한 마리를 몰래 병실에 데리고 들어갔다. 그러나 고양이 알레르기

가 있던 한 환자가 불평을 늘어놓는 바람에 클라라는 하는 수 없이 트웨인에게 고양이를 맡겨야 했다. 트웨인은 밤비노에게 홀딱 빠져 들어 버렸고, 어느 날 밤비노가 홀연히 사라져 버렸을 때는 무척 상심하여 괴로워했다. 그는 급기야 밤비노의 무사 귀환을 조건으로 현상금을 걸어 신문에 광고까지 냈다. 광고는 다음과 같았다.

"몸집이 크고 까만 고양이로 털이 매우 탐스럽고 보드랍습니다. 가슴팍에는 평범한 불빛 아래서는 잘 보이지 않는 희미한 흰털이 나 있습니다."

곧 트웨인의 집 앞은 고양이를 들고 찾아온 사람들로 장사진을 이루었다. 다행히 진짜 밤비노는 집 부근에서 울고 있는 것

### MARK TWAIN HAS LOST A BLACK CAT.

Have you seen a distinguished looking cat that looks as if it might be lost? If you have take it to Mark Twain, for it may be his. The following advertisement was received at the American office Saturday night:

### A CAST LOST - FIVE DOLLARS REWARD

for his restoration to Mark Twain, No. 21 Fifth avenue. Large and intensely black; thick, velvety fur; has a faint fringe of white hair across his chest; not easy to find in ordinary light.

이 발견되어 무사히 구조되었다. 그러나 사람들은 그 후로도 끈질기게 그의 집 문을 두드렸다. 아마도 사람들은 미국에서 가장 재미있는 남자를, 또 스스로도 그렇게 되려고 노력했던 유명 인사의 얼굴을 잠시나마 직접 볼 수 있기를 바라며 그토록 찾아왔을 것이다.

『아서왕 궁전의 코네티컷 양키(A Connecticut Yankee in King Arthur's Court)』, 『왕자와 거지(The Prince and the Pauper)』, 『미시시피강의 생활(Life on the Mississippi)』 같은 그의 작품은 잇따라 대성공을 거두었다. 그러나 판단 착오로 투자를 잘못하는 바람에 트웨인은 막대한 빚을 지게 되었다. 다행히 그는 연설가로서 눈부신 활약을 펼치며 남김없이 빚을 갚을 수 있었다. 연단에 선 첫 날부터 그는 관중들로부터 열렬한 기립 박수를 받았으며 그가 '더러운 세상 속에서도 깨끗한' 느낌이 들게 해 준다는 그 유명한 흰 린넨 스리피스 양복을 입고 연단에 서면 관객들은 연신 웃음을 터뜨리며 환호를 보냈다.

트웨인에게는 고양이들에게 엉뚱하고 기발한 이름을 지어 주는 버릇이 있었다. 게으름뱅이, 사탄, 죄악, 클리블랜드, 역병, 기근, 사워 매시(위스키 증류에 쓰는 발효 촉진제) 등이었다. 그런가 하면 아이들의 발음 연습에 도움이 되라며 아폴리나리스(이 고양이는 늘 목에 리본을 매고 다녔다), 조로아스터, 블래서스카이트(허풍쟁이라는 뜻), 바알세불(악마, 마왕이라는 뜻의 성서에 등장하는 이름) 등 일부러 발음하기 힘든 이름을 붙이기도 했다.

그는 생전에 두 딸을 잃었고, 사랑하던 아내마저 먼저 하늘로 떠나보냈다. 그는 '마음이 무너져 내리는 것을 막기 위해' 계속해서 글을 써 나갔다. 그리고 1910년에 심장마비로 세상을 떠났다.

그는 후대 작가들로부터 엄청난 사랑을 받는 작가로 길이길이 남았다. 어니스트 헤밍웨이는 그를 가리켜 "모든 현대 미국 문학은 단 한 권, 마크 트웨인의 『허클베리 핀의 모험』에서 나왔다."고 못박았으며, 윌리엄 포크너는 그를 '미국 문학의 아버지'라고 칭했다.

Edith Wharton

# 이디스 워튼

## 개들을 무릎 한가득 안고 소설을 쓰다

　미국 출신의 뛰어난 작가인 이디스 워튼은 1862년 뉴욕의 명성 있는
상류층 집안에서 태어났다. 그녀의 가문이 어찌나 부유하고 화려했던
지, "이웃의 높은 생활 수준에 맞추려고 한다."는 뜻의 '존스 가문 따라
하기'라는 말이 바로 그녀의 가족을 가리키는 표현으로 자리잡을 정도
였다. 그녀의 집에서는 반려동물도 호사를 누렸다.

개들을 향한 이디스 워튼의 애정은 4세 경 아버지에게서 '폭시'라는 이름의 스피츠를 선물로 받은 것을 계기로 시작되었다. 훗날 이디스는 자신이 인간이라는 감정을 처음 느낀 것이 그 강아지 덕분이었다고 고백하기도 했다. 강아지를 선물받은 지 2년 후 그녀는 거실을 어정거리며 자신이 쓴 글을 소리 내어 읽는 아이가 되어 있었다. 이디스가 커서 결혼만 잘 하면 된다고 믿었던 어머니는 그 모습을 보고 눈살을 찌푸렸다. 그런 반대에도 그녀는 꿋꿋이 글 쓰는 일을 이어 나갔고, 11세에는 첫 단편소설집을, 16세에는 시집을 써내기에 이르렀다.

17세가 되던 해에 상류층 사교계에 데뷔한 그녀는 몇 해 지나지 않아 부유한 은행가인 에드워드 워튼과 결혼했다. 그러나 심한 정신 질환을 앓고 있던 에드워드와의 결혼 생활은 언제나 외로웠으며 결국 그녀는 28년의 결혼 생활 끝에 그와 이혼했다.

치와와, 페키니즈, 푸들…… 그녀는 셀 수 없을 정도로 많은 강아지를 기르며 외로움을 달랬다. 강아지들에게 스웨터를 떠 주려고 뜨개질하는 사람을 고용하는가 하면 강아지들과 소소한 장난을 치고 보석이 박힌 목줄을 매어 주고 어깨띠를 해서 품에 안고 다니기도 했다. 심지어는 강아지들을 주인공으로 다음과 같은 사랑시도 지어 주었다.

"내 작고 예쁜 강아지
내 발끝의
심장 박동"

워튼은 매사추세츠주 레녹스 지역에 늘 꿈꿔 오던 집을 직접 설계하여 짓고 '더 마운트(The Mount)'라고 이름 붙였다. 한편으로는 문단에서 높은 평가를 받는 책을 50권 넘게 펴냈다. 대표작으로 『환락의 집(The House of Mirth)』,『이선 프롬(Ethan Frome)』,『순수의 시대(The Age of Innocence)』 등이 있으며,『순수의 시대』를 통해 그녀는 여성 최초로 문학 부문 퓰리처상을 수상하기도 했다.

더 마운트에는 반려동물들을 위한 전용 묘지도 마련되어 있었다. 그 안에는 그녀가 아꼈던 네 마리의 개 미미, 토토, 미자, 줄스가 돌로 만든 비석 아래 잠들어 있었다. 이디스는 개들이 잠든 묘지를 창밖으로 바라보며 살아있는 개들에게 둘러싸여 글을 썼다.

Beatrix Potter

# 베아트릭스 포터

## 생쥐와 토끼에게 마음이 끌리다

　영국 출신의 아동 문학가이자 예술가, 동물 애호가, 자연 과학자, 환경 보호 활동가인 베아트릭스 포터는『피터 래빗 이야기(The Tale of Peter Rabbit)』외에도 동물을 주인공으로 하는 매력적인 많은 이야기를 창조해 낸 작가이다.

베아트릭스 포터는 어릴 적 또래 아이들과 어울리며 자라지 못했다. 매우 유복한 가정에서 태어난 그녀는 학교에 가지 않고 집에서 가정교사들에게 교육을 받았던 것이다. 교사 중 한 명인 애니와는 그 후로도 오랫동안 친구로 지냈지만 그녀와 가깝게 지낸 사람은 남동생 베르트람이 거의 유일했다.

그렇지만 베아트릭스와 베르트람은 외롭지 않았다. 두 남매에게는 작은 동물 친구들이 곁에 항상 있었기 때문이다. 그 동물들은 단순한 놀잇감이 아니었다. 베아트릭스는 가까이에서 동물들을 관찰하고 수많은 그림을 그렸다. 베아트릭스와 베르트람의 공부방에는 생쥐들, 토끼들, 고슴도치 한 마리, 심지어 박쥐까지 있었으며 그림을 그리거나 관찰하기 위해 채집한 나비 같은 다른 곤충들도 있었다.

연신 생쥐를 잡아 길들이며 베아트릭스는 자기가 키우는 동물들에게 아낌없이 헌신했다. 그 가운데 생쥐 한 마리는 툭 하면 그녀의 손수건을 적으로 착각하고 싸우거나 이불을 갉아 구멍을 내서 어른들의 언성을 살 행동을 하기도 했다. '벤자민 바운서'와 '피터 파이퍼'라고 이름을 지어 준 애완용 토끼도 있었다. 베아트릭스는 그 토끼들을 가능한 모든 각도에서 그림으로 그려 남겼다. 그 밖에 '주디'라는 이름의 선명한 초록빛 도마뱀, '빌 가족'으로 불린 달팽이 일가족, '사리파'라고 이름 붙인 애완용 겨울잠 쥐, '펀치'라는 이름의 청개구리 그리고 마지막으로 '스폿'이라는 이름의 좀 더 보편적인 반려동물인 스패니얼 개까지 베아트릭스의 하루하루는 동물들을 보살피는 일로 정신없이 바빴다.

휴가철이 오면 베아트릭스는 그림 같은 경치가 돋보이는 영국의 레이크 디스트릭트나 스코틀랜드에 가서 지냈다. 자연 풍경과 동식물을 향한 그녀의 애정은 더욱더 깊어졌다. 그녀는 부지런히 주위를 관찰하며 보고 느낀 것을 그림으로 옮겨 담았다. 그녀의 첫 번째 스케치북에는 12마리의 애벌레가 세밀한 부분까지 상세히 그려져 있었다. 8세가 되던 해에는 동물들이 재킷이나 모자 등 옷을 입고 스케이트를 타는 모습을 머릿속으로 상상해 그리기도 했다.

14세에 베아트릭스는 일기를 쓰기 시작했다. 자신이 직접 고안한 암호를 사용해 쓴 일기였다. 그녀는 삶에 대한 일반적인 고찰, 예술과 예술가에 대한 감상, 예술가와 작가가 되기 위해 읽은 책들에 대한 기록을 작은 글

씨로 빼곡히 적어 나갔다. 베아트릭스는 동화나 상상이야기들을 무척 좋아해서 『이솝 우화(Aesop's Fables)』나 그림 형제와 한스 크리스티안 안데르센이 쓴 동화들, 찰스 킹슬리의 『물의 아이들(The Water Babies)』, 셰익스피어의 작품 등을 읽으며 자랐다. 그중에서도 「올빼미와 새끼 고양이(The Owl and the Pussycat)」가 수록된 에드워드 리어의 『넌센스 시집(Book of Nonsense)』과 루이스 캐럴의 『이상한 나라의 앨리스(Alice in Wonderland)』를 특히 좋아했다. 그 밖에 좋아한 작품으로는 조엘 챈들러 해리스의 토끼군(The Brer Rabbit) 이야기들도 빼놓을 수 없다.

예술적인 면에서는 월터 크레인, 케이트 그린어웨이 그리고 특히 그녀의 아버지가 작품을 수집했던 랜돌프 칼데콧에게 많은 영향을 받았다. 베아트릭스가 맨 처음 그림으로 옮긴 동화나 우화의 장면은 '신데렐라'나 '잠자는 숲속의 공주', '알리바바와 40인의 도둑', '빨간 모자' 같은 이야기에서 나왔다.

어린 시절, 베아트릭스와 남동생 베르트람은 용돈을 벌기 위해 크리스마스 같은 특별한 날에 주고받는 카드를 직접 디자인했다. 그 시절 두 사람이 가장 즐겨 그린 그림은 무엇이었을까? 그렇다. 바로 생쥐와 토끼들이었다.

시간이 흐르며 베아트릭스는 점차 자신이 직접 지어낸 이야기에 곁들일 일러스트를 그리기 시작했다. 집에서 기르는 생쥐, 토끼, 새끼 고양이, 기니피그 같은 동물을 주인공 삼아 만들어낸 이야기였다.

베아트릭스가 만든 이야기들을 처음으로 즐길 수 있는 행운은 그녀의 가정교사였던 애니와 그 여덟 자녀에게 돌아갔다. 그들에게 보내는 편지에는 귀엽고 앙증맞은 그림이 가득 그려져 있었다. 27세가 되던 해의 어느 날 여느해와 다름없이 스코틀랜드에서 휴가를 보내던 베아트릭스는 애니의 아들 노엘이 아프다는 말을 전해 들었다. 그녀는 노엘의 기운을 북돋워 주고 싶은 마음에 그림을 곁들여 한

동물에 대한 이야기를 만들어 보냈다. 그 당시 기르던 토끼인 피터의 이름을 따서 만든 이야기였다. 언젠가 피터에게 몇 가지 묘기를 부리도록 훈련을 시킨 적이 있었는데 그때 가까이 보고 관찰한 내용을 바탕으로 쓴 글이었다. 그녀는 피터가 겪는 모험을 상상하며 피터에게 엄마와 플롭시, 몹시, 코튼테일이라는 세 마리의 형제자매도 만들어 주었다.

그리하여 탄생한 이야기는 다음과 같다.

개성이 충만한 장난꾸러기 피터는 다른 형제자매들보다 유달리 모험심이 강했다. 엄마가 장을 보러 나가면서 절대 맥그리거 씨네 밭에 가서는 안된다고 그토록 신신당부를 했는데도(피터의 아빠가 맥그리거 씨네 밭에 갔다가붙잡혀 파이로 구워지는 불행한 '사고'를 당한 적이 있었기 때문이다), 엄마가 집을 나서기 무섭게 그 말을 어긴 것이다. 피터는 밭의 출입문 아래로 몰래 들어가 금지된 채소들을 우적우적 씹어 먹다가 그만 맥그리거 씨한테 들키고 말았다. 우여곡절 끝에 다행히 위기를 딛고 도망친 뒤, 엄마한테 잔뜩혼이 나고 피터는 따뜻한 캐모마일 차 한 잔과 함께 잠자리로 돌아갔다.

베아트릭스에게 이 이야기를 정식으로 출판해 보면 어떻겠냐고 제안한 사람은 바로 애니였다.

처음 연락한 출판사 여섯 군데에서는 즉각 거절을 당했다. 베아트릭스는 결국 자비로 책을 내 보기로 결심했다. 그렇게 해서 1901년에 나온 책이 『피터 래빗 이야기』였다. 이듬해 한 출판사가 그 책

을 발견해 재출간했고, 『피터 래빗 이야기』는 머지않아 역사상 가장 많이 팔린 아동 도서의 반열에 올랐다. 그녀의 책은 기존과 완전히 다른 새로운 형태의 동물 우화였다. 단지 상상 속 이야기에서 그치지 않고 과학적 사실이 덧입혀진 것이 특징이었다. 책에 등장하는 동물은 그저 귀엽고 사랑스러운 주인공이 아니라 하나하나 모두 해부학적 정확성에 근거하여 창조되었다.

출판사는 자기들의 새로운 작가에게 그 밖에도 새로운 아이디어가 넘치도록 많다는 사실에 뛸 듯이 기뻐했다. 베아트릭스는 제레미 피셔 아저씨, 제미마 퍼들, 티기 윙클 아줌마 등 수많은 동물을 주인공으로 하여 동화와 동요를 지었고, 『재봉사 글로스터 이야기(The Tailor of Gloucester)』, 『다람쥐 넛킨 이야기(The Tale of Squirrel Nutkin)』, 『벤자민 토끼 이야기(The Tale of Benjamin Bunny)』 등 수십 권의 책을 펴냈다. 그녀의 책은 한눈에 들어오는 간단한 산문과 천연덕스러운 유머, 구체적이고 세밀한 수채화가 잘 버무려진 수작이었다. 게다가 책이 아주 작고 가벼워서 어린 아이들도 쉽게

손에 들고 볼 수 있었다.

　베아트릭스는 때로 지나치다 싶을 만큼 동물의 특징과 습성을 열성적으로 연구했다. 한번은 생포한 야생 생쥐 두 마리에 각각 '헌카 먼카'와 '톰 섬'이라는 이름을 붙이고 근사한 빅토리아풍 철장에 가두어 제도용 책상 위에 올려놓았다. 그리곤 윤기 흐르는 털과 반짝이는 눈동자를 스케치한 뒤, 근육 구조를 연구하기 위해 쥐들을 손수 해부해 보았다. 그녀가 그린 동물은 겉으로 봤을 땐 마냥 귀여워 보일지 몰라도 정말이지 어느 하나 실제 사실에 기반을 두지 않은 것이 없었다.

　베아트릭스에게는 일반적인 반려동물도 있었다. '추시'와 '출레'라는 이름을 가진 페키니즈 강아지 두 마리였다. 베아트릭스는 이 강아지들을 엄청나게 귀여워하는 한편, 잠자리에 들 때는 발을 따뜻하게 할 목적으로 발치에 재웠다고 한다.

39세가 되던 해 포터는 자신의 이름을 달고 나온 책이 무려 여섯 권이나 있는 인기 작가가 되어 있었다. 그녀는 레이크 디스트릭트의 '힐탑'이라는 작은 농장에서 반려동물들과 함께 대부분의 시간을 보냈다. 물려받은 유산과 책으로 벌어들인 인세를 합해 구입한 농장이었다. 그리고 늦은 나이에 자신의 변호사와 결혼하여, 죽을 때까지 30년의 세월을 우수한 품질의 양을 기르며 살았다.

포터는 빼어난 경치를 가진 구릉 지역의 자연을 있는 그대로 보존하기 위해 주변 농장들을 하나하나 사들이며 소유지를 조금씩 늘려 나갔다. 지금 레이크 디스트릭트 국립공원의 많은 부분이 현재의 모습으로 보존되어 있는 데에는 그녀의 공이 크다.

포터는 쉬지 않고 열심히 글을 쓰고 그림을 그렸다. 대개는 그저 글 쓰는 일이 좋아서 쓰는 글이었다. 그녀는 걸스카우트의 통 큰 후원자이기도 했다. 여름 캠프 철이 오면 걸스카우트 단원들에게 자기 소유지에서 캠프를 개최하도록 흔쾌히 허락해 주곤 했다.

1943년에 세상을 떠났을 때, 베아트릭스 포터는 동물로 가득한 농장 열여섯 군데의 소유주였다.

Gertrude Stein

# 거트루드 스타인

## 푸들은 푸들이지 푸들이야

거트루드 스타인은 미국 출신의 영향력 있는 작가이자 '바스켓'이라는 이름을 가진 푸들의 주인이었다. 59세가 되던 해에 펴낸 『앨리스 B. 토클라스 자서전(The Autobiography of Alice B. Toklas)』은 자신이 실제 살아 온 삶을 바탕으로 쓴 책으로, 그 책을 통해 그녀는 비로소 상업적으로 큰 성공을 거두었다.

거트루드 스타인이 처음 기른 반려동물은 '딕'이라는 이름의 카나리아 새였다. 스타인은 캘리포니아주의 오클랜드와 샌프란시스코에서 어린 시절을 보냈는데, 그 당시 그녀에게 가장 중요했던 것은 동물보다는 책이었다. 용돈이 생기면 몽땅 중고 책을 사는 데 써 버릴 정도였다. 총명하고 대담한 성격의 스타인은 이후 래드클리프 대학을 우수한 성적으로 졸업하고 의대에 진학했다.

의대 재학 중 한번은 시험을 보다가 답안지 위에 "지금은 영 시험을 볼 기분이 아니네요."라고 쓴 채로 제출했다. 그럼에도 교수님은 그녀에게 최고 점수를 주었다. 그러나 그녀는 의사 자격증을 딸 수 있는 고지가 얼마 남지 않은 상황에서 의대를 그만두었다. 의학 공부가 너무도 지루했던 데다 여성 의사들이 공공연히 차별 받는 현실이 견딜 수 없었기 때문이다. 대신에 그녀의 관심은 글 쓰는 일로 옮겨 갔다.

스타인은 20대에 오빠 레오와 함께 미국을 떠나 프랑스 파리로 이주했다. 그리고 그곳에서 소설가·시인·극작가 그리고 노련한 미술품 수집가로서 수많은 사람들에게 영향을 미치며 살아갔다. 그녀의 이름이 처음 알려지기 시작한 것은 그녀가 수집한 미술품들 때문이었다. 그녀는 파블로 피카소, 폴 세잔, 앙리 마티스 등의 화가들이 인기를 얻기 한참 전부터 그들의 예술성을 알아보고 작품을 사들였다.

스타인은 앨리스 B. 토클라스(Alice B. Toklas)와 1910년에 이탈리아에서 결혼해 일생을 함께했다. 토클라스가 집안일을 맡아 하는 동안 스타인은 글쓰기에 매진하는 식이었다. 그녀는 소설가 중에서도 헨리 제임스와 조지 엘리엇을 열렬히 추종했으며, 그러면서도 자신만의 새로운 경지를 개척하길 원했다. 그녀의 자신감은 실로 하늘을 찔렀다.

"나는 천재입니다. 현 세대에서 나 같은 천재는 오직 나 하나뿐입니다." 라고 스스로 말할 정도였다. 또 자기 자신을 가리켜 '세기의 창의적 문학적 인재'라고 칭하기도 했다.

그녀는 의미를 파악하기 힘든 알쏭달쏭하고 실험적인 글을 즐겨 썼다. 그리고 그 실험 결과를 가지고 또 실험을 거듭했다. 그런가 하면 보편적인 규칙으로부터 언어를 해방시키려는 의도로 실제 존재하지 않는 낱말들을 사용했고, 쉼표를 쓰는 것을 나약함의 표시로 여겼다. 약간의 차이는 있지만 그녀의 글에는 쪼개진 문장과 반복되는 표현이 많이 등장한다.

스타인이 남긴 말들 중 일부는 "장미는 장미이지 장미야(A rose is a rose is a rose)."처럼 불멸로 남았다. 그 밖에 오클랜드를 가리켜 "거기엔 아무런 거기가 없어.(There is no there)"라고 말한 것이나, 죽음을 눈앞에 둔 병상에서 "질문이 무엇이야?(What is the question?)"라고 물었던 것도 유명하다.

이런 말들이 천재적이라고 생각하는가? 아니면 그냥 허튼소리 같은가? 사실 그녀가 사랑하던 친오빠마저 그것들을 쓰레기라고 불렀다. 그리고 얼마 안 있어 둘 사이에는 연락이 끊겼다.

피카소는 거트루드 스타인이 돼지를 얼마나 좋아하는지 알고 나서부터 스타인을 찾아갈 때는 늘 돼지 그림을 들고 갔다고 한다.

멀티태스킹 하는 것을 좋아했던

스타인은 토클라스가 T형 포드 자동차를 운전해 다니며 다른 볼일을 보는 중간 중간에 옆에 앉아 틈틈이 글을 쓰곤 했다. (그 자동차에는 폴린 숙모라는 별명을 붙여 주었는데 이는 스타인의 숙모에게서 따온 이름으로, 적당히 치켜 세워 주기만 하면 별 문제없이 잘 지내기 좋고, 특히 비상상황에 뛰어난 활약을 펼친다는 뜻에서 붙인 별명이라고 한다)

토클라스가 물건을 사러 가게에 들어가면 스타인은 이 포드 자동차 운전석에 걸터앉아 종잇조각과 연필 한 자루를 꺼내 들고 마음이 이끄는 대로 손끝을 움직였다. 파리 시내 거리에서 분주하게 움직이는 차들을 보고 있노라면 영감이 마구 샘솟았다. 차들이 움직이고 멈추며 만들어 내는 장단이 스타인의 손에서 새로운 언어를 입고 태어났다.

스타인 자신도 제1차 세계 대전 당시 비상 보급품을 배달하는 임무를 하며 운전을 배웠지만 그녀의 운전 습관은 무서울 정도로 위태로웠다. 워낙 지도 보는 것을 싫어한 데다가 후진하는 법을 한 번도 제대로 익힌 적이 없어 운전대를 잡기만 하면 목적지가 어디든 그저 앞을 향해서만 갔기 때문이었다.

스타인은 매일 딱 30분 정도씩만 글을 썼다. 그 외 시간에는 자신의 살롱에서 눈부시게 화려한 사교 활동을 하며 하루하루를 보냈다. 토클라스가 페이스트리를 나누어 주는 동안, 스타인은 손님들에게 커피를 따라 주며 짓궂은 질문들을 던져 이곳저곳 웃음을 퍼트리곤 했다. 그녀의 살롱은 어니스트 헤밍웨이, F. 스콧 피츠제럴드, 리처드 라이트 등 당시 조금 이름이 있다 하는 동시대 작가들이라면 모두가 출입하다시피 하는 명소였다. 스타인은 작가들이 재능을 활짝 펼칠 수 있도록 온힘으로 도왔고, 특히 헤밍웨이에게 큰 영향을 끼쳤다. 둘 사이가 얼마나 절친했는지 헤밍웨이가 "거트루드 스타인과 나는 형 아우 사이나 다름없다."며 여기저기 떠벌리고 다닐 정도였다. 스타인은 아침 새들이 지저귀는 소리에 잠이 들지 못할까 봐 동이 트기 전 서둘러 잠자리에 들곤 했다.

스타인과 토클라스의 일상생활에서 개들은 아주 중요한 존재였다. 두 사람은 '바이런'과 '페페'라는 치와와 두 마리와 '폴프'라는 꽃향기 맡기를 좋아하는 사냥개 한 마리를 키웠다.

헨리 제임스가 쓴 『카사마시마 공작부인(The Princess Casamassima)』을 읽고 나서부터 토클라스는 늘 하얀색 푸들을 키우고 싶어 했다. 그리고 두 사람이 시골로 놀러간 어느 날 그녀의 꿈은 실현되었다. 동네에서 열린 애완견 대회에서 귀여운 푸들을 발견한 것이다. 스타인의 품 안으로 뛰어든 그 새하얀 강아지에게 토클라스는 마치 꽃이 가득 담긴 바구니를 입에 물고 다닐 것만 같다는 의미에서 '바스켓'이라는 이름을 붙여 주었다. 어찌나 세련되고 멋진 푸들이었는지!

실제로 꽃바구니를 입에 물고 다니지는 못했지만 바스켓은 대신 스타인의 작품에 많은 영감을 주었다. 어느새 훌쩍 자라 몸집이 커져 무릎 위로 폴짝 뛰어오르는 것이 힘들어졌을 때에도 바스켓은 스타인의 무릎 위에 올라와 앉아 있기를 좋아했다. 스타인은 바스켓이 물을 마시며 내는 규칙적인 소리를 듣고 있다가 불현듯 문장과 문단 사이의 차이점을 깨달았다고 주장하기도 했다. 문단에는 감정이 서려 있지만, 문장은 그렇지 않다는 것이다.

그녀의 작품 속에서 바스켓은 다음과 같은 문구로 등장하기도 한다.

"훌쩍 자라 이제는 큰 개가 되었지만 나에게만은 여전히 작은 이 개가 나를 알아주기에 비로소 나는 나로서 존재할 수 있다."

바스켓이 죽자 두 사람은 다른 하얀색 푸들을 데려와 그 빈자리를 채웠다. 그렇게 데려온 첫 번째 후계자는 바스켓 1세, 두 번째 후계자는 바스켓 2세라고 불렀다. 몇 번째 바스켓이든 바스켓의 양치를 해 주는 일은 두 사람의 중대한 아침 일과였다. 바스켓만의 전용 칫솔이 있었음은 물론이고 게다가 스타인은 매일 바스켓을 유황으로 목욕시켰다. 목욕이 끝난 후에는 손님들을 시켜 바스켓의 털이 마를 때까지 정원을 빙글빙글 달리게 했다고 한다.

바스켓들은 당대 최고의 사진작가들의 모델로 찍히며 엄청난 유명세를 타기도 했다.

제2차 세계 대전이 터지자 독일이 프랑스를 점령했다. 나치 정권은 혈통이 분명하지 않은 동물에게 먹이 주는 것을 엄격히 금지시켰다. 다행히 바스켓 2세는 족보가 있는 순종 견이어서 무사히 살아남을 수 있었다. 유대인이었던 스타인과 토클라스는 몰래 파리를 빠져나와 나치 정권의 눈에 띄지 않는 시골로 피신했다. 그곳에서 그들은 수많은 미국 군인들과 친분을 쌓았다.

두 사람은 점차 개를 돌보는 일에 전문가가 되어 갔다. 스타인은『앨리스 B. 토클라스 자서전』을 쓰며 마지막 페이지에 자신을 '개들을 위한 꽤 훌륭한 수의사'로 소개하기에 이르렀다. 그 책은 토클라스의 시점을 빌려 스타인 자신의 인생을 재치 있는 문체로 서술한 책으로, 하루아침에 베스트셀러 목록에 올랐다. 그러나 아예 출판할 시도조차 하지 않았던 첫 소설『Q.E.D』를 비롯한 다른 글들은 그와 같은 행운을 누리지 못했다. 그 밖에 저서로 자비를 들여 출간한 단편집 『3인의 생애(Three Lives)』, 소설 『미국인의 형성(The Making of Americans)』, 작사를 맡은 오페라 『3막 4인의 성자(聖者)(Four Saints in Three Acts)』 그리고 1946년 사망 직전에 탈고한 『우리 모두의 어머니–수전 B. 앤서니에 대한 오페라(The Mother of Us All–an opera about Susan B. Anthony)』가 있다.

스타인이 세상을 떠난 뒤 두 사람이 마지막으로 함께 길렀던 바스켓은 상심에 빠진 토클라스에게 크나큰 마음의 위안을 주었다. 그러다 결국 바스켓마저 세상을 떠나자 토클라스는 다음과 같은 말을 남겼다.

"내가 바스켓에게 얼마나 의지했는지 이제야 뼈저리게 느낍니다. 이제 앞으로는 그 누구도 내게 의지할 일이 없는 그런 삶이 시작되겠지요."

Virginia Woolf

# 버지니아 울프

## 자기만의 개

"여성이 소설을 쓰려면 반드시 자기만의 방과 돈이 있어야 해요."

영국 작가 버지니아 울프가 남긴 유명한 말이다. 그녀의 삶으로 미루어 볼 때 이 목록에는 개도 한 마리쯤 들어가 있어야 하지 않나 싶다.

어두운 그림자가 자주 드리웠던 버지니아 울프의 삶에서 개들은 매우 중요하고 즐거운 부분을 담당했다. 한번은 그녀가 이렇게 쓰기도 했다.

"어쩌면 여러분은 이걸 그저 감상적인 말쯤으로 받아들일지 모르겠어요. 뭐라고 표현해야 좋을지 잘 모르겠지만 개는 마치 놀이와도 같은 인생의 사적인 부분을 대변하는 것 같아요."

버지니아 울프의 글이 처음 공식적으로 실린 곳은 종교 신문이었다. 가족들의 사랑을 한 몸에 받던 반려견 '섀그'가 어느 날 차에 치여 갑자기 세상을 떠나자 '우리의 충실한 친구에 대하여'라는 제목으로 시작하는 부고를 써 보낸 것이다.

섀그가 죽기 전 버지니아의 집안에서는 잇따라 죽음이 발생했다. 그럴 때마다 버지니아는 섀그에게 의지하고 위로를 받곤 했다. 사실 섀그는 버지니아가 잘 따르던 바네사 언니의 개로, 두 사람의 사이가 더욱 가까워진 것도 섀그의 덕분이었다. 그랬기에 섀그의 죽음은 버지니아에게 커다란 슬픔을 안겨 주었다.

버지니아가 섀그 다음으로 길렀던 개는 양을 돌보도록 훈련받은 양치기 개 '거스'였다. 거스는 몸이 자주 아프고 우울해하던 버지니아를 곁에서 늘 돌보아 주었다. 또 버지니아가 자신감을 갖도록 기운을 북돋워 주는가 하면 주변 사람들을 신경 쓸 여유도 갖게 해 주었다. 그녀는 런던 어느 곳을 가든 거스와 함께했다. 거스가 짖거나 소동을 피우면 밖으로 데리고 나가야 했지만 도서관이나 연주회장까지도 늘 거스를 데리고 다녔다. 그러면서 겉으로는 "거스 때문에 정말 피곤하지 뭐야."라고 투덜거리는 척했다.

이즈음 버지니아와 바네사는 다른 두 명의 형제와 함께 런던 내의 좀 더 자유분방한 동네인 블룸즈버리 구역으로 이사했다. 그리고 함께 전설적인 블룸즈버리 그룹을 형성했다. 그 안에서 그들은 자유롭게 학술 연구에 몰두하거나 그림을 그리고 글을 쓰며 교류했다. 그리고 버지니아는 그곳에서 레너드 울프를 만나 훗날 결혼을 했다.

그녀는 '울프'라는 그의 성에 이끌렸던 것일까? 어쨌든 레너드는 버지니아의 보호자가 되어 거스 못지않게 그녀를 물심양면 돌보아 주었고 덕분에 버지니아는 작가로서 본격적인 경력을 쌓을 수 있었다.

버지니아 울프의 가장 유명한 작품으로는 진지한 본격 소설인『댈러웨이 부인(Mrs. Dalloway)』,『등대로(To the Lighthouse)』그리고 장난기가 가미된『올랜도: 전기(Orlando: A Biography)』를 들 수 있다. 그녀는 수필, 일기, 논픽션 등 여러 장르의 작품을 두루 섭렵하며 실험적인 문체 및 의식의 흐름 기법을 개척했다. 의식의 흐름 기법은 소설 내용이, 사건이 벌어지는 순서대로 차근차근 펼쳐지는 대신 등장인물이 머릿속으로 생각하는 대로 흘러가는 글쓰기 방법을 말한다. 한편,『자기만의 방(A Room of One's Own)』에서는 역사적으로 여성들의 활약이 적었던 것이 여성들의 지성이 모자라서가 아니라 재력이 부족했기 때문이라고 주장하기도 했다.

버지니아 울프는 글을 써서 처음 받은 원고료로 가장 먼저 반려동물을 입양했다.

"내가 그 돈을 빵, 버터, 월세, 신발, 스타킹, 정육점 대금을 지불하는 데 쓰지 않고 고양이를 데려오는 데 썼다는 사실을 인정하지 않을 수 없군요. 정말 아름답고 복슬복슬한 털을 가진 페르시안 고양이였답니다."

당시 출판사를 통해 책을 내는 일은 악명 높을 정도로 힘들었기 때문에 버지니아는 레너드와 '호가스 프레스(Hogarth Press)'라는 이름을 걸고 출판사를 직접 차리기에 이르렀다. 자신들의 책을 출판하려는 목적만은 아니었다. 지그문트 프로이트, 캐서린 맨스필드, T. S. 엘리엇, E. M. 포스터 등 다른 작가들의 작품도 울프 부부의 출판사를 통해 세상에 나올 수 있었다.

버지니아에게는 일어서서 글을 쓰는 습관이 있었다. 건강을 위해서가 아니라 언니 바네사와의 경쟁의식 때문이었다. 유명한 화가가 된 바네사가 서서 그림을 그리는 습관을 들이자 그런 언니에게 지고 싶지 않았던 것이다. 거기다 버지니아는 글을 쓸 때 초록색, 파란색, 심지어는 그녀가 가장 좋아하던 보라색 등 여러 가지 색깔의 잉크를 사용하는 습관이 있었다고 한다.

울프 부부 곁에는 늘 개가 있었다. 다만 두 사람 사이에 합의를 보지 못했던 점이 있다면 버지니아는 개들을 자유롭게 풀어놓고 기르기를 선호한 반면에 레너드는 얌전하게 길들이고 싶어 했다는 점이다. 그 부부가 키웠던 개들 중에 가장 중요했던 개는 아마도 '핑카'였을 것이다. 핑카는 검은

색 코커스패니얼이었는데, 그 개가 아무리 버지니아의 치마를 씹어 구멍을
내고, 원고를 먹어 버리고, 밤에 론 볼링(잔디밭에서 하는 나무 공을 굴리는 놀
이) 경기를 할 때 공을 이리저리 쫓으며 방해를 해도 버지니아에게는 마냥
빛의 천사로만 보였다. 레너드도 예외는 아니었다. 핑카가 하루에 무려 여
덟 번이나 마룻바닥에 배변을 하는 실수를 해도 레너드의 눈에는 마냥 사
랑스럽게만 보였고, 심지어 일을 할 때 와서 코를 핥으
며 방해를 해도 전혀 그답지 않게 야단치지 않고 내
버려 두었다. 핑카는 버지니아가 작은 오두막 서재
에서 글을 쓸 때면 늘 그녀의 곁을 지켰다. 그녀
가 하루의 긴장을 풀기 위해 긴 산책길에 나
설 때에도 늘 곁에서 함께했다. 덕분에 그
녀는 널리 주변을 둘러보고 계절의 변화
같은 자연 현상에 더욱 주의를 기울일
수 있었다. 그뿐만 아니라, 핑카는 산
책길에서 버지니아가 글 쓰는 일에
대해 아무리 길게 수다를 늘어놓
아도 싫증내지 않고 귀 기울여
들어 주었다.

Pinka

때때로 버지니아는 글을 쓰지 못할 정도로 몸이 아프곤 했다. 그 텅 빈
시간을 견디게 도와준 것도 개들이었다. 그녀는 "병들고 아파 무서울 때에
도 손이 닿는 곳에 책이나 개, 따뜻한 차 한 잔만 있다면 그 고통이 반으로
줄어듭니다."라고 말하기도 했다.

엘리자베스 바렛과 로버트 브라우닝 사이에 오간 연애편지를 읽던 중 문득 버지니아는 그들의 편지에 종종 언급된 애견 플러쉬에게 강한 호기심을 갖게 되었다.

"편지에 플러쉬가 등장하는 부분을 읽고 저는 엄청 웃을 수밖에 없었습니다. 그 개에게 생명을 불어넣어 주지 않고는 배길 수가 없었어요."

그녀는 핑카의 익살스러운 행동을 모델로 삼아, 개의 관점에서 서술한 『플러쉬: 어느 저명한 개의 전기(Flush: A Biography)』라는 책을 펴냈다. 재미 삼아 가볍게 읽을 수 있는 책이었다. 버지니아는 혹여나 이 책이 인기를 끄는 바람에 자신의 다른 진지한 작품들이 가볍게 여겨지는 것은 아닐까 걱정하며 장장 2년이나 되는 시간을 들여 책을 완성했다. 그런데 정말로 이 책은 그녀의 저서 중 가장 많이 팔린 책이 되었으며, 미국 최대의 회원제 독서 모임인 이달의 책 클럽 추천도서로 선정되기도 했다.

그러나 시간이 흐르면서는 점차 그녀의 다른 작품들이 더욱 큰 두각을 드러냈다. 마거릿 애트우드, 가브리엘 가르시아 마르케스, 토니 모리슨 등 버지니아 울프의 영향을 받았음을 자랑스레 시인하는 작가들도 끊임없이 등장했다. 문학계의 많은 학자들은 그녀의 삶과 작품을 헌신적으로 연구하며, 그녀의 삶과 작품은 아직도 꾸준히 수많은 연극·소설·영화로 각색되고 있다.

어느 날 여행을 떠났던 울프 부부가 집에 돌아왔을 때, 예상치 못한 일이 그들을 기다리고 있었다. 핑카가 죽은 채로 발견된 것이다. 부부가 받은 충격은 이루 말할 수 없었다.

핑카가 죽은 지 한 달 뒤, 그들은 흑백 얼룩무늬가 있는 스패니얼 개를 데려와 '샐리'라는 이름을 지어 주었다. 그러나 버지니아는 샐리에게서는 핑카에게서 느꼈던 유대감을 느끼지 못했고, 샐리를 끝내 레너드의 개로만 여겼다.

게다가 핑카의 죽음으로 받은 충격이 채 가시기도 전에 제2차 세계 대전의 공포가 밀려들었다. 당장이라도 적이 영국을 침략해 들어오고 세상이 끝날 것 같은 분위기가 감돌았다. 버지니아는 글 쓰는 일 자체에 흥미를 잃을 정도로 강한 불안감에 시달렸다. 그 증상은 나아질 기미를 보이지 않았고, 그녀는 우울증으로 인해 온몸이 마비되는 듯한 무기력증에 빠졌다. 1941년 3월 28일 버지니아 울프는 집 뒤에 있는 우즈강으로 산책을 나갔다. 그리고 주머니에 돌멩이를 가득 채워 넣고 물속으로 걸어 들어갔다. 그 산책길에는 어떤 개도 데려가지 않았다.

학자들은 오랜 시간에 걸쳐 그녀가 앓았던 질환이 무엇인지를 놓고 논박을 주고받았다. 현재는 조울증 증상이라는 의견이 지배적이다. 오늘날이라면 치료가 가능했을 병이지만 안타깝게도 버지니아가 살던 시대에는 제대로 된 치료법이 존재하지 않았다. 그녀에게는 단지 레너드의 세심한 간호와 그녀의 곁을 지켜 준 개들만이 있었을 뿐이다.

Dorothy Parker

# 도로시 파커

## 개들에게 헌신하다

문학계 풍자의 여왕이자 유머 작가였던 도로시 파커는 어디를 가든 늘 반려견을 데리고 다닌 것으로 유명하다.

RAGS

본인의 말을 빌리자면 도로시 파커는 어릴 적 "뻣뻣한 머릿결에 시를 쓰고 싶은 열망이 가득한 평범하고 무뚝뚝한 아이"였다. 그녀의 첫 반려견은 '래그즈'라는 이름의 보스턴테리어였다. 서로 떨어져 있을 때는 연애편지까지 써 보낼 정도로 애정을 듬뿍 쏟고 응석을 받아주며 키웠다고 한다.

파커는 무용 학교에서 피아노 반주자로 일하던 시절 가벼운 시를 쓰는 일에 푹 빠졌다. 그러다 우연히 〈배니티 페어(Vanity Fair)〉 잡지에 「어느 현관(Any Porch)」이라는 시를 판매하면서 문학계에 입문하게 되었다. 곧 그녀는 그 잡지의 연극 평론가가 되었다. 그리고 번뜩이는 재치와 입담을 무기로 거의 모든 작품에 혹독한 평가를 내리며 이름을 날렸다. 그러나 그렇게 인색한 평가가 끝도 없이 이어지자 결국은 해고를 당했으며, 그때부터 독립적인 활동을 시작했다.

그녀는 다양한 잡지를 통해 300편에 가까운 시를 발표했다. 그리고 1926년 처음으로 개인 시집을 펴냈는데, 그 책은 평론가와 독자의 마음을 동시에 거머쥔 베스트셀러가 되었다. 그녀는 〈뉴요커(The New Yorker)〉에 단편소설도 기고하기 시작했다. 오늘날 전형적인 뉴요커 스타일로 통하는 담백하고 세련되면서도 구슬픈 분위기의 단편소설 풍조는 파커에 의해 거의 단독적으로 확립되었다 해도 과언이 아니다. 훗날 이러한 풍조의 대표적 작가로는 J. D. 샐린저와 존 치버가 있다. 또한 도로시는 동일 잡지에서 '콘스탄트 리더'라는 이름으로 도서 평론가 활동도 병행했다.

파커의 작품 속에서는 21세기의 여성들이라면 누구나 공감할 만한 문제를 겪는 강인한 여성들이 주를 이룬다. 1929년에 그녀는 「빅 블론드(Big Blonde)」라는 작품으로 최고의 단편소설을 쓴 작가에게 수여되는 오 헨리 상을 수상했다.

그녀에게는 강박적으로 편집을 하는 습관이 있었다. 언젠가 "저는 일곱 단어를 바꾸지 않고는 다섯 단어를 쓸 수가 없습니다."라고 탄식한 적도 있다.

이 시기에 파커는 소수의 정예 멤버만이 참여 가능한 알곤킨 라운드 테이블(Algonquin Round Table)이라는 유명 사모임의 창립 회원이 되었다. 맨해튼에 위치한 알곤킨 호텔의 식당 맨 가운데 원형 식탁에 모여 담소를 나누는, 오래도록 지속된 문학 모임이었다. 파커는 종종 이 호텔에서 생활했기 때문에 점심을 먹으러 매일 승강기만 타고 내려오면 되었다. 이 모임에서 가장 유명한 인물을 꼽으라면 아마도 도로시 파커였을 것이다. 그녀는 150센티미터도 안 되는 작은 키로 날카로운 면도칼을 휘두르듯 강렬하고 재치 있는 입담을 거침없이 발휘했다.

파커는 어디를 가든 늘 개를 데리고 다녔다. 시작은 래그즈와 닮은 보스턴테리어였다. 그녀는 이 개에게 '우드로 윌슨(노벨평화상을 수상한 미국의 제28대 대통령)'이라는 애국적인 이름을 붙여 주었고, 개가 죽었을 때는 오랫

동안 큰 슬픔에 빠져 지냈다. 한참 뒤 그녀는 누군가에게 에어데일테리어를 선물 받아 새 식구로 받아들였다. 그런데 이 강아지에게는 소파나 안락의자 등 가구를 물어뜯는 버릇이 있었다. 알곤킨 호텔에 있는 가구마저 물어뜯어 버리자, 어쩔 수 없이 시골에 사는 다른 친구에게 이 강아지를 보내야 했다.

그녀는 쥐만은 몸서리치게 싫어했지만 그 외에는 종을 가리지 않고 어떤 동물이든 좋아했다. 낚시를 가면 잡은 물고기의 가족들이 너무 걱정돼 결국 잡았던 고기를 모두 다시 놓아줘야 할 정도였다.

파커는 또한 길에서 마주친 길 잃은 개한테도 한없이 끌리곤 했다(물론 늠름한 말들에게도 그만큼 마음이 끌렸지만 말들은 너무 커서 호텔방에 몰래 숨겨 들어올 수가 없었다). 한번은 6번가에서 밤늦게까지 놀고 귀가하는 길에 길 잃은 개를 보고 구출해 집으로 데리고 왔다. 그 개를 깨끗이 잘 씻긴 다음

한 부유한 친구에게 보여 주면서 그 잡종견이 호사스런 생활을 하게 되면 얼마나 재미있을까 하고 속으로 신나했다.

그녀가 데려온 가장 특이했던 동물은 택시에서 우연히 발견한 악어였다. 파커는 그 악어를 집에 데려와 욕조 안에 풀어 주었는데, 그것을 보고 깜짝 놀란 가정부가 다음과 같은 쪽지를 남겨 두고 집을 나갔다고 한다. 아마도 그 내용은 어느 정도 파커에 의해 각색되었을 테지만 말이다.

"저는 악어들이 사는 집에서는 일할 수 없습니다. 미리 알려 드렸다면 좋았겠지만 알려 드릴 일이 생길 거라고는 전혀 상상도 하지 못했어요."

개들에게 굳이 대소변 가리는 훈련을 시키지 않았던 파커는 개들을 바깥에 내보내 주는 일을 깜박 잊고 나서 개들이 멋진 부유층 가정에 실례라도 하면 그 일을 속으로 은근히 즐겼다고 한다. 그나마 뉴욕에 있을 때는 이런 일이 큰 소동으로 번지는 일이 별로 없었다. 그러나 문제는 캘리포니아주의 비벌리 힐스로 이사했을 때였다. 그녀가 닥스훈트 '프롤라인'과 잡종견 '스크램블즈'를 데리고 고급 호텔 입구를 들어서면 주위의 못마땅한 시선이 한

FRAULEIN

SCRAMBLES

몸에 쏟아졌다. 한번은 어느 호텔에서 지배인이 개가 실례를 했다며 야단을 치자 파커가 나서서 "제가 그런 거예요!"라고 외치며 밖으로 도망쳤다고 한다.

도로시가 할리우드로 이주한 것은 영화 각본을 쓰기 위해서였다. 그녀는 공식적으로 15편이 넘는 영화의 각본을 썼는데 그중 〈스타 탄생〉을 포함한 2편의 영화가 아카데미 각본상 후보에 올랐다.

파커는 아마 여성으로서는 인용구 사전에 가장 많은 이름을 올린 유명 인사일 것이다. 좀처럼 입을 열지 않기로 유명했던 전직 대통령인 캘빈 쿨리지가 서거했다는 소식을 듣고서는 "그걸 어떻게 알 수 있대?"라고 질문한 것이나, 배우 캐서린 햅번의 연극 공연을 보고서는 "A에서 B까지 온갖 감정을 다 겪은 느낌이다."라고 평한 것, 그런가 하면 콘스탄트 리더로서 A. A. 밀른의 『곰돌이 푸의 오두막(The House at Pooh Corner)』에 대해 "톤스탄트 위더가 토한 것만 같다."라고 무지막지하게 평한 일례가 있다.

파커는 진심으로 개라면 몇 마리를 길러도 결코 과하지 않다고 믿었다.

MOTHY

그녀는 런던에서 '티모시'라는 이름의 댄디딘몬트테리어 개를 새로 데려왔다. 다른 동물과 마주치기만 하면 싸워 대는 사나운 개였다. 파커의 의자에서 몸을 둥글게 웅크리고 자는 버릇이 있던 닥스훈트 '로빈슨'도 도로시 파커 왕국의 백성이었다. 슬프게도 얼마 후 덩치 큰 개한테 공격을 당해 그만 죽고 말았지만 말이다.

ROBINSON

DAISY

프랑스 여행을 하던 중 파커는 '데이지'라는 스코티시테리어 한 마리를 입양했으며, 그 개가 얼마나 똑똑한지 한참을 자랑하고 다녔다고 한다.

"그러니까 말이지요, 이 개는 파이 베타 카파 클럽(미국 대학에 다니는 우등생 및 졸업생들로 구성된 친목 단체)에 들어가도 모자람이 없을 거예요. 뭔가 부탁할 게 생기면 일어나 앉아서 앞발을 앞으로 내밀 수도 있을걸요. 물론 실제로 그런 적이 있는 건 아니지만 충분히 그럴 수 있을 거예요!"

그 외에도 베들링턴테리어 '울프', 울프의 친구인 또 한 마리의 베들링턴테리어 '코라', 무엇을 보든 무서워했던 복서 '플릭'도 있었다. 한번은 노먼 메일러의 사나운 독일셰퍼드가 플릭을 공격하여 둘 사이를 강제로 떼어내야 했던 일이 벌어졌다. 그 아수라장 속에서 손가락 하나를 물린 파커는 9년간이나 메일러를 만나지 않았다고 한다. 그 밖에도 파커는 실버 푸들 '미스티' 와 또 다른 푸들 '클리셰' 에게도 애정을 듬뿍 쏟았다.

개에 대한 도로시 파커의 반짝이는 재치는 다음과 같은 글을 통해서도 빛을 발한다.

"저 백합 같은 페키니즈의 주인은 결코 이기 적이라고 비난받을 일이 없을 거예요. 늘 끊임 없는 관심을 요구하실 새침한 폐하께서 옆에 계 신 이상 저 여자에게 자기 생각만 할 시간은 있 을 수가 없거든요."

한편, 그녀의 「어떤 개를 위한 시(Verse for a Certain Dog)」에는 다음과 같 은 감상적인 문구가 등장한다.

> "그대의 맑은 눈을 채우는 그토록 고귀한 충실함,
> 친애하는 작은 친구여, 나 예전엔 미처 몰랐노라."

그렇다고 해서 그녀가 개들을 향해 늘 칭찬과 찬사만 쏟아낸 것은 아 니다. 신발을 잘근잘근 씹어 먹거나 집 안에서 찾은 더러운 뼈를 물고 있 거나 금붕어가 사는 어항에 너무 가까이 다가가거나 새끼 고양이를 공격 하거나 혹은 실내에 배변을 본 일로 그녀에게 혼나는 개들도 더러 있었으 니 말이다.

파커가 마지막으로 기른 개는 푸들 '트로이'였다. 1967년 뉴욕의 한 호 텔 방에서 그녀가 세상을 뜨던 날에도 트로이는 그녀의 곁에 함께 있었다.

도로시 파커는 물밑으로 사회 정의를 위한 활동을 활발하게 펼쳤다. 직

접 데모에 참여하기도 하고, 합동 파시스트 반대 난민 위원회의 전국 위원장을 맡기도 했다. 그뿐만이 아니다. 유언을 통해 그녀는 자신의 작품에 대한 저작권료를 포함한 대부분의 유산을 시민운동 지도자인 마틴 루서 킹 박사에게 남겼다.

Walliam Faulkner

# 윌리엄 포크너

## 말에서 떨어지다

　노벨문학상과 두 번의 퓰리처상을 수상한 이 미국 남부 출신의 소설가는 문학에 대한 주제로 이야기하는 것을 극도로 꺼려했다. 대신 그가 가장 좋아했던 대화 주제는 주로 말, 개, 사냥이었다.

7세가 되던 해부터 윌리엄 포크너가 가장 좋아했던 일은 매해 11월에 열리던 여우 사냥에 참여하는 일이었다. 여우를 잡는 것이 주된 이유는 아니었다. 그를 흥분시켰던 것은 경치 좋은 미시피강 주변 시골에서 밤중에 횃불을 들고 말을 타는 것 그리고 모닥불을 둘러싸고 앉아 또래 친구들과 오순도순 이야기를 나누는 것이었다.

어린 시절에 자신이 자라났던 환경을 토대로 삼아 윌리엄 포크너는 작품 속에 요크나파토파군(郡)이라고 불리는 가상의 지역을 창조했다. 그리고 『음향과 분노(The Sound and the Fury)』, 『팔월의 빛(Light in August)』, 『임종의 자리에 누워서(As I Lay Dying)』와 같은 소설을 쓰면서 머릿속 생각을 모방한 언어나 한 문장에 1,800단어까지 들어갈 정도로 끝없이 이어지는 문장 등 문체에 대한 여러 가지 시도를 했다.

미시시피주 옥스퍼드에 살던 시절에 포크너는 매일 아침 일찍 일어나 한 시간씩 말을 타러 나갔다. 여우 사냥철이 아닐 때는 혼자서 말을 타고 울타리나 담장을 뛰어 넘다가 말에서 떨어지거나 내팽개쳐져 두 번이나 허리가 부러지는 부상을 당한 적도 있었다.

포크너는 포인터, 달마티안, 닥스훈트 등 개라면 종을 가리지 않고 길렀지만, 그중 대부분은 사냥 기술이 좋기로 알려진 작고 성깔 있는 잡종견이었다.

그는 자신이 애지중지하던 장미꽃 가까이에 개들이 다가가는 것을 막으려고 서재에 개를 쫓는 스프레이를 구비해 두기도 했다.

포크너는 할리우드에서 성공적인 시나리오 작가로 활약하며 번 돈으로 반려동물을 보살폈다. 미국을 대표하는 유명 작가로 떠오르면서 그가 쓴 책들이 영화로도 만들어졌지만 그럼에도 그는 대중적인 사랑을 널리 받는 작가는 아니었기 때문이다. 어느 날 그는 여자 친구에게 자신의 시집 『푸른 가지(A Green Bough)』를 선물하려고 서점에 들렀다. 그러면서 점원에게 윌리엄 포크너의 다른 책이 한 권이라도 있느냐고 물었다. 그 물음에 점원은 태연한 말투로 답했다.

"아니요, 포크너의 책은 팔리지 않거든요."

한번은 유명한 영화배우 클라크 게이블이 포크너에게 살아있는 당대 최고의 작가로 누구를 꼽느냐고 물어 보았다. 포크너는 윌라 캐더와 어니스트 헤밍웨이 그리고 자기 자신이라고 답했다. 그러자 게이블이 "오, 당신도 글을 쓰시나요, 포크너 씨?"라고 물었다. 포크너는 다음과 같이 응수했다.

"네. 그런데 당신은 무슨 일을 하시나요, 게이블 씨?"

포크너는 글을 쓰는 일도 말을 타는 일도 결코 멈추지 않았다. 그러던 1962년 어느 날 말에서 잘못 떨어져 쇄골을 심하게 다치고 말았다. 그리고 제대로 회복하지 못한 채 결국 몇 주 후에 세상을 떠났다.

지금은 할리우드에 있는 어느 서점에서도 윌리엄 포크너의 책을 쉽게 찾아볼 수 있다.

Elwyn Brooks White

# E. B. 화이트

## 개와 돼지와 거미에 대하여

E. B. 화이트는 단순하고 우아한 문체로 유명한 미국의 작가이자 동물 애호가이다. 그가 아이들을 대상으로 쓴 세 편의 동화 『스튜어트 리틀(Stuart Little)』, 『샬롯의 거미줄(Charlotte's Web)』, 『트럼펫 백조(The Trumpet of the Swan)』는 오늘날 고전으로 꼽힌다.

　E. B. 화이트는 어렸을 때 동물에 관한 책만을 즐겨 읽었다. 그가 8세에 처음으로 쓴 글은 자신이 만들어 준 운동 기구로 운동을 하고 묘기를 부리는 애완용 생쥐에 관한 시였다. 나이에 비해 훨씬 성숙한 사고를 지닌 E. B. 화이트는 자신의 생각을 매일 글로 남겼다. 그리고 그것을 일기 대신 더욱 진지한 느낌이 드는 일지라고 불렀다.

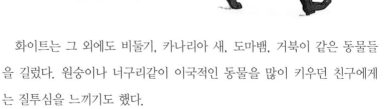

　그의 삶에서 개들은 늘 중요한 부분을 차지했다. 그가 처음으로 기른 개는 '맥'이라는 이름의 콜리였다. 맥은 6년이라는 시간 동안 늘 방과 후 같은 시간에 그를 찾아와 귀갓길을 함께 했다. 화이트가 회상하길 그건 맥이 먼저 자진해서 시작된 일이었다고 한다.

　화이트는 그 외에도 비둘기, 카나리아 새, 도마뱀, 거북이 같은 동물들을 길렀다. 원숭이나 너구리같이 이국적인 동물을 많이 키우던 친구에게는 질투심을 느끼기도 했다.

화이트가 강아지만큼이나 훌륭하고 완벽한 선물이라고 여겼던 것은 한 묶음의 종이였다. "나를 가장 흥분시키는 것은 아무것도 쓰여 있지 않은 종이랍니다."라고 말할 정도였다. 11세에 그는 수많은 유명 작가들에게 등단의 기회를 준 아동 잡지 〈세인트 니콜라스 매거진(St. Nicholas Magazine)〉에 시와 글을 기고하기 시작했다. 누군가가 그 잡지에 글을 실을 가능성을 높이려면 동물에 대한 호의적인 글을 써 보라고 귀띔해 주자 화이트는 그 조언에 따라 개를 주인공으로 한 글을 써 보냈다. 그리고 그 글로 은상을 거머쥐었다.

코넬대학교를 졸업한 그는 프리랜서 기자 겸 작가로 일하기 시작했다. 26세에는 창간한 지 얼마 안 되는 주간 잡지사 〈뉴요커〉에 입사해 그곳에서 자신의 상사로 〈뉴요커〉의 초대 소설 편집자인 캐서린 에인절을 만났다. 그는 그녀의 마음을 얻기 위해 시를 써서 구애했다. 마침 캐서린에게는 '데이지'라는 이름의 스코티시테리어 개가 있었는데 화이트는 편지나 시 속에서 글을 쓰는 당사자가 데이지인 것처럼 목소리를 빌려 썼다. 캐서린은 그에게 마음을 빼앗겼고 둘은 곧 결혼에 골인했다.

Daisy

뉴욕의 도시 생활 및 정치, 문학을 주제로 쓴 재치 있고 세심한 화이트의 글은 〈뉴요커〉의 독자들에게 열렬한 호응을 받았다.

그는 시, 만화글, 간단한 묘사 등 다양한 종류의 글을 기고하며 그만의 독특한 유머 감각을 돋보이게 해 주는 명료하고 직접적인 문체로 사람들의 마음을 사로잡았다. 그렇게 화이트가 잡지사 내에서 가장 중요한 기고 작가의 자리를 굳혀가는 동안 〈뉴요커〉 또한 미국 내에서 가장 저명한 문학 잡지로 우뚝 서게 되었다.

화이트에게 글쓰기는 사실 순전히 두통거리를 안겨 주는 괴로운 과정이었다. 그럴 때 그 고통을 가라앉히는 진통제가 되어 준 것은 그가 애정을 쏟아 기르던 닥스훈트 '미니'와 같은 개들이었다. 그는 목줄에 묶인 개들이 정신없이 부산하게 걷는 모양을 보고 시를 쓰기도 했다. 빠른 속도감이 느껴지는 그 시에서 주인공 개는 눈앞에 무언가가 보이기만 하면 그게 무엇이든 일단 돌진해 냄새를 맡고, 틈이 생길 때마다 사방으로 목줄을 잡아끄는 모습으로 묘사된다.

화이트는 가족을 이끌고 메인주의 노스브루클린으로 이사했다. 바쁘고 분주한 뉴욕에서 탈출했다는 사실이 너무도 기뻤다. 그곳에서 그는 수상 경력이 있는 훌륭한 양, 닭, 돼지 등 동물원을 차려도 될 정도의 많은 동물을 길렀다. 그리고 그 동물들을 위해 기꺼이 많은 시간과 노력을 쏟았다.

중년에 접어든 화이트는 동물들과 지내는 농장 생활에서 영감을 받아 자연스레 아이들을 대상으로 한 책을 쓰기 시작했다. 45세의 나이에 집필을 시작한 『스튜어트 리틀』을 포함해 『샬롯의 거미줄』과 『트럼펫 백조』가 그의 대표 작품이다. 이 작품들에는 저마다의 매혹적인 방법으로 인간들과 교감하는 생기발랄한 동물들이 등장한다.

화이트는 문학계에서 가장 유명한 거미인 샬롯을 창조했지만, 실제로 거미를 애완용으로 기르지는 않았다. 그러나 한번은 미리 준비해 놓은 상자 안에 커다란 회색 거미와 알주머니를 집어넣고 조심스럽게 관찰해 보았다. 얼마 후 방 안 서랍 위에서 새끼 거미 수백 마리가 알을 깨고 나와 온갖 물건 사이에 거미줄을 치자 그는 뭐라 형용할 수 없는 짜릿한 기분을 느꼈다.

『샬롯의 거미줄』을 탄생시킨 또 하나의 계기는 화이트가 아끼던 돼지 한 마리가 어느 날 심각한 병에 걸려 앓아누운 일이었다. 돼지를 정육점으로 데려가 베이컨으로 만드는 대신 그 돼지를 간호하여 건강을 되찾아 주리라

고 결심했다. 그때 그는 자신이 갑자기 돼지의 친구이자 의사가 된 듯한 기분을 느꼈다. 비록 돼지는 끝내 회복하지 못하고 죽었지만, "아빠는 도끼를 가지고 어딜 가는 거예요?"로 시작하는 『샬롯의 거미줄』의 줄거리 전개에 큰 영향을 주었다. 그리고 화이트는 그 일을 바탕으로 『돼지의 죽음(Death of a Pig)』이라는 유명한 수필도 써냈다.

거미와 돼지가 주인공인 『샬롯의 거미줄』은 오늘날에도 어린 독자들 사이에서 가장 잘 팔리는 책의 위상을 유지하고 있다. "진정한 친구나 훌륭한 작가는 좀처럼 만나기 어렵다. 샬롯은 그 둘을 모두 만족시켜 준다."라

는 평을 받으며 그 책은 어린이들에게 처음 눈물을 가르쳐 주는 동화로도 꾸준히 거론된다.

1941년에 화이트는 아내 캐서린과 함께 800페이지에 달하는 『미국 유머의 보고(A Subtreasury of American Humor)』라는 두꺼운 책을 편찬했다. 이 책에는 당연히 들어가야 할 마크 트웨인의 유쾌한 글이 여럿 실려 있고, 더불어 화이트 자신과 친구인 제임스 서버의 글도 포함되어 있다.

그 외에도 화이트는 작고한 윌리엄 스트렁크 주니어가 쓴 『글쓰기의 요소(The Elements of Style)』라는 책의 개정 작업을 맡았다. 그렇게 나온 개정판은 명료한 글쓰기를 위한 영작문 교재의 필독서가 되었다. 이 책에서 거론되는 가장 첫 번째 글쓰기 법칙은 "불필요한 말은 빼고 쓰라."는 것이었다. 흔히 '스트렁크와 화이트의 책'으로 일컬어지는 이 책은 화이트의 고유한 문체와 함께 현재도 엄청난 영향력을 미치고 있다.

어느 날 화이트는 미국 동물보호협회로부터 그의 개 미니에게 부과된 세금을 내지 않았다는 문책성 서신을 받았다. 화이트는 그 단체에 답장을 보내면서 자신이 생각해 낼 수 있는 가장 재치 있는 방법으로 응수해 주리라 마음먹었다. 그렇게 쓰인 그의 편지는 얼핏 보면 지극히 사무적이고 공식적인 문서로 보이지만 곧 미니가 가지고 있는 특이한 취미와 기벽을 끝없이 나열한 목록으로 발전한다. 자신이 미니를 행복하고 편안하게 해 주기 위해 얼마나 대단한 수고를 들이고 있는지 한탄조로 나열함으로써 자신이 동물 학대와 같은 일에 유죄가 될 수 없음을 그리고 이런 문제가 그 단체에서 관여할 일이 아님을 우회적으로 익살맞게 표현한 것이다. 그 편지 안에는 화이트가 미니를 따뜻하게 해 주기 위해 손뜨개질로 만든 스웨터를 입혀 준 일이라든가 미니가 걷어찬 이불을 바로잡아 주기 위해 자다가 두세 번 넘게 깨어 일어난 일 등이 서술되어 있다. 두꺼운 스웨터를 입고 자지 않으려는 미니의 습관 때문에 어쩔 수 없이 이불을 덮어 주어야 한다는 둥 미니의 특이한 취향과 고집 또한 세세하게 공들여 쓰여 있다. 화이트는 미니가 잠을 충분히 자지 못하면 심기가 얼마나 불편해지는지를 강조하며 그 개를 돌보아야 하는 자신의 의무 때문에 정작 수년간 자신은 제대로 된 휴식을 취해 본 것이 언제인지 모르겠다고 투덜거렸다. 화이트가 자신의 건강과 행복보다 미니의 안위를 더욱 우선시하고 있다는 것을 누가 봐도 명백히 알 수 있도록 쓴 것이다.

이토록 여러 방면에서 다재다능했던 화이트는 그가 쓴 편지글과 수필 및 그 밖의 모든 작품 일체로 퓰리처상의 특별 공로상을 받았다. 그러나 정작 그는 시상식에 나타나지 않았다. 많은 사람들 앞에서 연설하는 일에 극심한 공포증이 있었기 때문이다. 실제로 그는 어떤 상이든 직접 받으러 나간 적이 없었다. 그러나 만약에 그가 연단에 섰더라면 자신이 쓴 글 가운데서 다음과 같이 인용하지 않았을까?

"내가 글을 통해 전하고 싶은 말이 있다면, 아니 글뿐 아니라 어떤 식으로든 전하고 싶은 말이 있다면 그건 내가 이 세상을 사랑한다는 사실입니다."

화이트가 마지막으로 기른 개들은 노리치테리어 '존스'와 웨스트하이랜드테리어 '수지'였다. 그 개들은 화이트가 1985년 자신의 농장에서 세상을 뜰 때까지 그와 함께했다.

Ernest Hemingway

# 어니스트 헤밍웨이

## 고양이라면 한없이 약해지는 마음

1954년에 노벨문학상을 수상한 미국 최고의 소설가 어니스트 헤밍웨이는 어느 누구보다 많은 이들이 본받고 싶어 하는 작가일 것이다. 그런 그가 한번은 이렇게 말했다.

"고양이를 기르기 시작하면 단 한 마리로는 절대 멈출 수 없다."

어니스트 헤밍웨이는 강하고 거침없는 이미지를 대중들에게 주의 깊게 각인시킨 작가였다. 그가 동물 근처에 있는 모습이 보이면 대개 그 동물을 죽이러 간 것으로 연상되는 정도였다. 일리노이주에서 태어난 헤밍웨이는 실제로 어린 시절 여름이 되면 미시건주 북부의 숲이나 호수에서 사냥과 낚시와 야영을 배우고 야외 활동과 모험에 대한 열정을 싹틔웠다.

그런 그는 한결같이 고양이를 반려동물로 길렀다. 첫 시작은 어린 시절에 가장 좋아했던 '캐서린 타이거'라는 이름의 고양이였다. 그는 언제나 고양이를 가족의 한 구성원으로 여기며 자랐고 스트레스를 받거나 외로움을 느낄 때는 고양이를 큰 위안과 즐거움으로 삼았다. 또한 고양이들은 그가 정서적 영양분을 얻는 원천이었다. 그는 고양이를 왕과 왕비처럼 대하며 홀로 걷는 외로운 작가의 길에서 고양이들과 함께 즐거움과 균형감을 찾을 수 있었다.

사람보다 고양이들이 더 믿음직하게 느껴질 때도 있었다. 한번은 헤밍웨이가 단호히 이렇게 말했다.

"고양이는 절대 감정을 속이지 않습니다. 인간은 이러저러한 이유로 자신의 감정을 숨기고 속이지만 고양이는 그렇지 않지요."

헤밍웨이는 고양이들에게 각자 성격에 어울리는 이름을 지어 주었다. 뚱뚱보, 외톨이(이 고양이는 헤밍웨이 곁에서 우유나 위스키를 함께 마셨다고 한다), 깃털 냥이, 윈스턴 처칠 경, 무키, 작은 냥이, 털 뭉치 냥이, 기동 부대 등 아주 다양한 이름들이었다.

그 가운데서도 헤밍웨이의 사랑을 독차지한 고양이는 그가 입양해 키운 흑백 얼룩무늬 고양이 '보이시'였다. 그는 보이시를 형제라고 부르며 자신이 쓴 책에 등장시키기도 했다. 보이시는 사실 다른 고양이들을 업신여기고 무시하며 마치 자기가 인간이라도 되는 것처럼 굴었다. 14년을 산 보이시가 심장마비로 죽었을 때 헤밍웨이는 크게 슬퍼하며 직접 장례식까지 치른 후 땅에 묻어 주었다.

헤밍웨이는 용감하게도 제1차 세계 대전과 제2차 세계 대전에 모두 참전했다. 제1차 세계 대전 때는 미국 적십자 소속으로 앰뷸런스를 몰았다. 그리고 고작 18세의 나이에 부상을 당한 뒤 무공 훈장을 탔다. 부상을 회복한 후에는 프랑스로 건너가 신문 기자로 활약을 펼쳤다.

파리에서 그는 거트루드 스타인과 F. 스콧 피츠제럴드, 제임스 조이스 등이 활동하던 문학 모임에 참여했다. 스타인이 '로스트 제너레이션(Lost Generation)'이라는 명칭을 붙여 주기도 한, 전쟁이 끝난 후 방황하던 예술가들의 모임이었다. 그 당시 방황하던 헤밍웨이에게 마음의 안정을 가져다준 것은 뚱뚱한 페르시안 고양이 'F. 퍼스'였다. '범비'라는 별명으로 불리던 헤밍웨이의 아들 잭의 훌륭한 돌보미가 되어 준 그 고양이는 어른이 집을 나가고 없으면 잭의 곁에 다른 누구도 다가올 수 없도록 지켜 주었다.

1925년에 헤밍웨이는 그의 첫 번째 핵심 저서로 여겨지는 단편소설집 『우리들의 시대(In Our Time)』를 발표했다. 그리고 이듬해에는 『해는 또다시 떠오른다(The Sun Also Rises)』를 펴내 부와 명성을 거머쥐는 한편 수많은 고양이를 들이기 시작했다. 고양이는 그가 쓰는 글 속에 등장하기도 하고 그가 아내들을 부를 때 쓰는 별칭에도 영향을 주었다. 캣, 캐스, 캐서린 캣, 키튼, 패더 키티 등이 그 예이다.

제2차 세계 대전이 일어나자 그는 또다시 참전하여 영국 공군과 함께 여러 임무를 수행했다. 파리 해방 전투에 참가하는 등 미군 소속으로 활약을 펼

치며 용맹함을 뽐냈을 뿐 아니라 전문가 수준의
군사 지식으로 여러 직업 군인들에게 깊은 인상을
남겼다.

　전쟁이 끝난 뒤 그는 스키, 투우, 낚시, 사파
리 사냥 그리고 네 번에 걸친 결혼으로 바쁜 와
중에 『무기여 잘있거라(A Farewell to Arms)』와
『누구를 위하여 좋은 울리나(For Whom the
Bell Tolls)』와 같은 대작을 써냈다. 그리고
『노인과 바다(The Old Man and the Sea)』로 소
설 부문 퓰리처상을 수상했다. 한편 그가
가장 좋아한 작가는 역시 고양이 애호가로
유명한 마크 트웨인이었다고 한다.

　헤밍웨이는 새벽 동틀 무렵 편안한 가죽
신을 신고 일어선 채로 글 쓰는 것을 좋아
했다. 온갖 모험을 하면서 수많은 부상(특히
아프리카로 사파리 여행을 떠났을 때는 두 번이나
비행기에서 추락하는 사고를 당해 거의 목숨을 잃
을 뻔했다)을 당해 고생했던 그는 고질적인 허
리 통증을 앓고 있었다. 일어선 채로 글을 쓰
면 고질적인 허리 통증을 완화시키는 데 도움
이 되었던 것이다.

고양이 역시 그가 글을 쓰는 데 큰 도움을 주었다. 그는 보통 얇고 부드러운 종이에 먼저 연필로 필사를 한 다음 두 번째나 세 번째로 쓴 글을 타자기로 옮

겨 쓰는 방식으로 원고를 완성했다. 그가 이렇게 글을 쓰는 동안 소중한 정신적 조력자가 되어 준 것이 바로 '프린세사'라는 우아한 페르시안 고양이였다. 이 고양이는 다른 사람에게는 모두 심술궂게 굴었지만 유독 헤밍웨이에게만큼은 살갑게 대했다고 한다.

헤밍웨이는 쿠바에서 자신의 고양이들(특히 '엉클 우퍼'라는 이름의 고양이)에게 고양이 피라미드 등의 서커스 묘기를 가르치는 것을 즐겼다고 한다.

헤밍웨이의 글은 절제된 문장으로 유명하다. 형용사나 부사를 모두 배제하고, 반복과 박자만을 사용해 정서적인 효과를 추구하는 스타일이었다. 또한 그의 작품에 등장하는 대화문은 단순하고 자연스럽게 들리는 것이 특징이었다. 이런 그의 문체는 세계적으로 큰 반향을 일으켰다. 헤밍웨이 이후에 등장한 작가들은 전부 그를 모방하거나, 그와 비슷하게 쓰는 것을 피하려고 무진 애를 쓰거나 둘 중 하나라고 여겨질 정도였으니 말이다.

살아있는 동안 헤밍웨이는 유명 영화배우 못지않은 큰 인기를 누렸다.

두 번이나 〈타임〉지 표지에 오르는가 하면 〈라이프〉의 표지에는 무려 세 번이나 등장했다.

그가 글을 쓸 때 특히 효과를 본 방법은 한참 글이 잘 풀려갈 때 그날 일을 마무리 짓는 방식이었다.

"글을 써 나가다가 글감이 여전히 살아 있고 앞으로 전개될 일이 명확하다고 느껴지는 단계에서 멈추는 겁니다. 내일을 무사히 살아가면서 그런 시점이 또 찾아오기를 기다리는 것이지요."

플로리다주의 키웨스트에서 살 때 그는 한 선장에게서 사랑스런 선물을 받았다. '스노우볼'이라는 이름의 발가락이 여섯 개인 다지증 고양이였다. 그 고양이는 가족을 하나둘 늘려 가며 번영했고 점차 발가락이 여섯 개인 고양이 일가는 총 23마리나 되는 군락을 이루게 되었다. 헤밍웨이는 그 고양이들을 '사랑의 스펀지'나 '가르릉 공장' 등으로 부르며 귀여워했다고 한다. 어떤가, 강하고 거침없다고 알려진 모습과는 조금 거리가 있지 않은가?

오늘날에도 키웨스트에 있는 헤밍웨이의 생가에 가면 40여 마리나 되는 스노우볼 후손들이 근처를 어슬렁거리며 다닌다.

한번은 스노우볼 가족의 일원인 '엉클 윌리'가 차에 치이는 사고를 당해 안타깝게도 안락사를 시켜야 했던 적이 있었다. 헤밍웨이는 애통한 기분으로 친구에게 편지를 써서 "이제껏 사람들을 쏘아야 했던 적은 있었지만, 11년간을 알고 사랑한 누군가를 쏘아야 했던 적은 처음이라네."라고 고백했다.

헤밍웨이는 그 후 쿠바의 수도 아바나 외곽의 핑카 비히아라는 전망대가 있는 농장으로 이사했다. 그리고 한 때는 그곳에서 무려 57마리나 되는 고양이를 길렀다. 그 고양이들은 처음엔 손님용 방에서 키웠지만 나중엔 아예 고양이 전용으로 하얀 탑을 지어 주었다. 어찌나 그 수가 많았던지 노벨상으로 받은 상금의 상당액이 그 고양이들을 보살피고 먹이는 데 쓰일 정도였다. 그는 고양이가 좋아하는 식물인 개박하를 대량으로 기르기도 했다.

발가락이 여섯 개인 고양이들은
때로 '헤밍웨이 고양이'라고 불리기
도 한다.

1959년 평온하고 조용한 여
생을 보내고 싶었던 헤밍웨이
는 아이다호주 케첨에 집을 사서 이사했다. 그의 마지막 고양이는 길을 잃
고 헤매다 구조된 '빅 보이 피터슨'이었는데 보이시가 그랬던 것처럼 헤밍웨
이와 매일 한 상에서 밥을 먹고 함께 잠자리에 들었다.

"잘 자요, 내 키튼."
헤밍웨이가 생전 아내에게 건넨 마지막 말이었다.

빅 보이 피터슨은 아마도 살아있는 헤밍웨이의 모습을 본 마지막 생명
체였을 것이다. 케첨으로 이사한 지 2년이 지난 어느 날 헤밍웨이는 스스
로 목숨을 끊었다.

John Steinbeck

# 존 스타인벡

## 그 유명한 찰리

　　존 스타인벡은 『분노의 포도(The Grapes of Wrath)』로 퓰리처상을 수
상하고 1962년에 노벨문학상을 받은 미국 출신 소설가이다. 그는 『찰리
와 함께한 여행(Travels with Charley)』이라는 작품을 통해 자신이 기르
던 푸들을 일약 스타로 만들었다.

존 스타인벡에게 개들이 늘 좋은 친구였던 것만은 아니다.

어느 날, 스타인벡이 키우던 영국세터 '토비'가 그가 막 완성한 소설의 초고를

Toby

축제에서 뿌리는 색종이 조각처럼 갈기갈기 찢어 반도 넘게 먹어 치워 버리는 일이 일어났다. 당시는 직접 펜으로 종이에 글을 쓰던 컴퓨터 이전 시대였기에 스타인벡은 결국 처음부터 책을 다시 써야만 했다. 그는 침착하려고 애를 썼다.

"두 달치 작업을 다시 해야 하는구나. 그만큼 큰 차질이 생기겠지. 화가 많이 나기는 하지만 어쩌겠어. 어쩌면 저 가엾은 친구가 먼저 내 작품을 비평해 준 건지도 모르지."

그러나 그 걱정은 기우였다. 『생쥐와 인간에 대하여(Of Mice and Men)』가 세상에 나오자 그 책은 곧바로 베스트셀러 중에서도 최정상에 올랐고, 그렇게 고전의 반열에 들어섰다.

세계 각지에서 모인 사람들로 가득한 샐러드 그릇 같은 캘리포니아 중앙에서 자란 스타인벡은 해적과 독서에 푹 빠져 살던 아이였다. 아서왕과 원탁의 기사단 같은 전설 이야기는 어린 그의 마음속에 사회적 정의에 대한 동경심을 심어 주곤 했다. 그런 그가 가장 좋아한 작가들은 어니스트 헤밍웨이, 윌리엄 포크너, 잭 런던 그리고 제일 좋아했던 책인 『당나귀와 떠난 여행(Travels with a Donkey)』을 쓴 로버트 루이스 스티븐슨이었다. 그는 매년 여름이면 농장에서 일을 하고 커서는 떠돌이 노동자들과 함께 사탕무 농장에서 일을 하며 작가의 꿈을 키워 나갔다.

출판사에서 수많은 거절을 당하면서도 작가가 되는 꿈을 포기하지 않았던 그는 육체노동을 하며 생계를 꾸려 갔다. 스타인벡이 최초로 발표한 『황금의 잔(Cup of Gold)』은 헨리 모건이라는 해적의 삶을 그린 소설이었는데 그리 성공적이지는 못했다. 그다음 작품도 출판사 일곱 군데에서 보내는 족족 거절을 당했다. 그러나 여덟 번째 출판사에서 마침내 『토르티야 대지(Tortilla Flat)』를 출간했을 때 그 책은 순식간에 대중의 주목을 받으며 큰 성공을 거두었고 스타인벡은 부와 명성의 길로 들어섰다.

스타인벡은 떠돌이 농장 일꾼들이 겪는 역경을 다룬 『분노의 포도』로 수많은 독자들의 연민을 자아내며 유명세를 얻었다. 그 밖에도 그가 쓴 작품

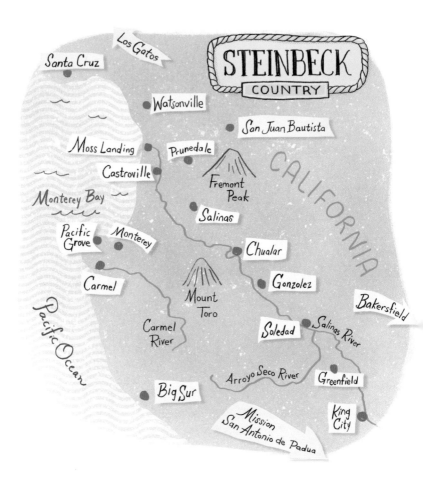

에는 『통조림 공장 골목(Cannery Row)』, 『진주(The Pearl)』, 『에덴의 동쪽 (East of Eden)』, 『우리 불만의 겨울(The Winter of Our Discontent)』 등이 있 는데, 캘리포니아에 위치한 살리나스, 몬테레이, 샌와킨 밸리의 일부 지역은 그의 작품에서 하도 빈번히 배경으로 등장하다 보니 오늘날에는 '스타인벡 지역'으로 통하기도 한다.

오늘날 그의 많은 작품은 미국 고등학교에서 읽어야 할 필수 도서에 꼽힌다. 동시에 그의 소설들은 여러 번에 걸쳐 금서로 지정된 것으로도 유명하다. 1990년에서 2004년 사이에 그는 가장 많이 금서 목록에 오른 작가로 꼽히기도 했다.

그는 노란색 줄무늬 공책에 뾰족하게 깎은 연필로 글을 썼다. 연필은 미리 12개씩 깎아서 준비해 두었고, 그렇게 글을 쓰다 보면 손가락에는 어느새 굳은살이 박이기 일쑤였다. 글을 다 쓰고 난 후에는 일일이 소리 내어 읽으며 녹음해 들어 본 다음에 비서를 시켜 받아쓰게 했다.

"테이프로 녹음해 다시 들어 보면 자신이 저지른 가장 끔찍한 짓을 직접 마주할 수 있답니다."

문자로 쓰인 언어가 소리로 표현될 때 어떻게 들리는지는 그에게 있어 가장 신경 쓰이는 일이었다. 그리고 그만큼 공을 들였다. 목표는 '듣기 좋은 글'을 쓰는 것이었다. 아마도 그가 쓴 소설이 훌륭한 영화로 유독 많이 만들어진 이유는 바로 이 때문일 것이다.

그에게 개들은 그의 곁을 지켜 주는 동반자였다. 그는 때로 사람보다 개들을 선호하기도 했다.

"이따금씩 개의 눈에 빠르게 스쳐지나가는 놀람 섞인 경멸의 표정이 읽힐 때가 있습니다. 그럴 때면 나는 개들이 분명 사람들을 머저리라고 생각하고 있다는 확신이 든답니다."

인생의 황혼기에 접어들자 스타인벡은 미국 전역을 차로 여행하기로 마음먹었다. 그리고 그 길을 함께 할 이상적인 동행으로 집에서 기르던 푸들

'찰리'를 낙점했다. 파리 외곽에서 태어난 찰리는 당시 10세였는데, 회청색 털에 몸집이 크고 언젠가 싸움에 휘말려 오른쪽 귀 일부가 잘려나간 개였다. 찰리의 실질적인 주인은 스타인벡의 아내였지만 그녀는 스타인벡이 찰리를 같이 데려갈 수 있다는 사실에 기뻐했다. 그 둘의 모험을 담은 책의 제목을 '찰리와 함께한 여행(Travels With Charley)'이라고 하자고 제안한 것도 그녀였다.

스타인벡은 새 트럭을 구입하여 '로시난테'라는 이름을 붙였다. 미겔 데 세르반테스의 『돈키호테(Don Quixote)』에 나오는 말의 이름을 딴 것이었다. 그는 자신을 번쩍이는 갑옷을 입은 기사이자 '오늘날의 미국인들은 어떤 모습인가?' 같은 수수께끼를 풀러 모험 길에 나서는 영웅으로 상상했다. 이곳 저곳을 여행하며 현지인들과 대화를 나누고 모국에 대한 선명한 이미지를 그려 보고 싶었던 것이다. 트럭에는 그와 찰리가 숙소에 묵지 않는 날에 편하게 잠을 잘 수 있도록 특별 제작한 주거 공간도 설치해 놓았다.

여행을 하는 동안 스타인벡은 찰리를 매우 정성스럽게 보살펴 주었다. 통조림 사료와 찰리가 좋아하는 간식을 잔뜩 구비했을 뿐 아니라, 여러 차례 수의사에게 데려가 검진도 받게 해 주었다. 흰 꼬리 사슴 사냥이 벌어지고 있는 지역을 방문했을 때에는 찰리의 꼬리에 빨간 티슈를 감고 고무줄로 단단하게 묶어, 잘못된 오해로 사고가 일어나지 않도록 만전을 기했다.

스타인벡은 찰리를 트럭 옆자리에 태우고 집이 있는 뉴욕주의 새그하버에서부터 여정을 시작했다. 메인주를 첫 목적지로 하여 태평양 연안 북서부로 갔다가 고향이 있는 살리너스 밸리를 들르고 그다음에는 텍사스를 가로질러 미국 최남동부 지역을 찍고 뉴욕주로 돌아오는 긴 일정이었다.

여행하는 내내 찰리는 수많은 역할을 수행해 주었다. 캠핑카 근처로 모르는 사람이 접근할 기미가 보이면 사자처럼 큰 소리로 포효하면서 경비견의 역할까지도 훌륭히 해냈다. 스타인벡은 찰리를 동행으로 데려온 것이 참 다행이라고 여겼다. 찰리는 머리도 좋은 데다 자신의 마음을 척척 읽어내는 것만 같았다. 게다가 여행길에서 만난 낯선 사람에게 말을 건네고 싶을 때 무엇보다 완벽한 매개가 되어 준 것도 찰리였다. 많은 사람들이 "오, 이 개는 어떤 종인가요?"라고 물으며 친근하게 다가왔다.

찰리는 그의 외로움을 달래 주었을 뿐 아니라 글 쓰는 일에도 도움을 주었다. 글감을 떠올리거나 머릿속 생각을 정리하는 데 있어 찰리는 훌륭한 조력자이자 지지자였다. 스타인벡은 그렇게 오랜 시간 동안 찰리를 붙

들고 이야기하곤 했다.

이동을 하던 중에 쉬고 싶어지면 찰리는 '프' 하는 소리를 내서 스타인벡의 주의를 끌었다. 그리고 스타인벡이 흥미로운 무언가를 찾아 주위를 살피러 나가면 찰리는 주인을 귀찮게 하지 않고 알아서 시간을 보냈다.

새벽녘이 되면 찰리는 온갖 기발한 방법을 써서 스타인벡을 잠에서 깨웠다. 그러다 모든 방법이 통하지 않으면 미소를 머금은 너그러운 표정으로 조용히 곁에 앉아 스타인벡의 잠든 얼굴을 지긋이 쳐다보았다.

"저는 누군가 저를 빤히 쳐다보는 느낌이 들어 잠에서 깨곤 했습니다…… 우리 둘 사이의 기 싸움은 한참 동안이나 이어졌어요. 제가 눈을 감은 채 얼굴을 찌푸리고 있으면 찰리는 다 안다는 듯한 표정으로 저를 바라보았지요. 그럴 때마다 승자는 거의 늘 찰리였습니다."

매일 밤 스타인벡은 여행길에서 겪은 일들을 글로 적어 나갔다. 글은 조금씩 살이 붙어 허구가 가미된 독창적 형태의 논픽션으로 가다듬어졌다. 일례로 스타인벡의 여행길이 늘 고달팠던 것은 아니었지만(캠핑카에서 밤을 보낼 때도 있었지만 모텔에서 묵거나 심지어는 최고급 호텔에서 묵을 때도 많았다) 이런 부분은 책에 전혀 언급되어 있지 않다.

찰리와 스타인벡의 여행은 넉 달간 지속되었고 그들이 여행한 거리는 무려 약 16,000킬로미터에 달했다. 스타인벡은 이 긴 여행을 통해 미국에 대해 더욱 깊이 알게 되었지만 그로 인해 알게 된 문제들은 그에게 더없는 걱정거리를 안겨 주었다. 인구 이동, 인종 간의 심각한 긴장 상태, 기술과 산업 사회의 극변, 전례 없는 규모의 환경 파괴와 같은 문제들이었다.

찰리와 스타인벡의 여행기를 담은 『찰리와 함께한 여행』은 1962년 출간 직후 엄청난 베스트셀러 자리에 올랐다. 게다가 이 책은 지금까지도 자동차 장거리 여행의 상징적인 책이자 기행문의 고전으로 그리고 반려동물의 영향이 드러난 걸작으로 평가받으며 꾸준히 출간되고 있다.

Marguerite Henry

# 마거리트 헨리

## 야생 조랑말들의 여왕

미국 중서부 출신의 작가 마거리트 헨리는 말을 비롯한 동물들의 실
화를 바탕으로 59권의 아동 도서를 썼다.

어린 시절의 마거리트 브라이트하우프트는 11세가 되던 해에 숨바꼭질 놀이를 하다가 영리한 술래 개에게 들키는 내용의 글을 처음으로 써서 팔았다. 출판사에서 일하던 그녀의 아버지는 글쓰기에 필요한 물건이라면 무엇이든 아낌없이 지원해 주며 딸이 마음껏 글을 쓸 수 있도록 응원해 주었다.

마거리트는 에드거 앨런 포가 구사하는 언어와 수많은 말이 등장하는 제인 그레이의 서부 모험기에 강한 인상을 받았다. 도서관에서 손상된 책을 복구하는 직업인 책 의사로 일할 적에는 책을 너무 많이 읽는다는 이유로 해고를 당하기도 했다.

마거리트는 시드니 헨리를 만나 결혼을 했다. 부친 못지않게 그녀가 글을 쓸 수 있도록 적극 후원해 주는 남편의 지지를 등에 업고 잡지에 기사를 쓰는 일로 시작해 차차 아동용 책도 쓰기 시작했다. 그때 그녀가 기르던 닥스훈트 '알렉스'와 푸들 '패트릭 헨리'는 글을 쓰는 데 많은 영감을 주었다. 또 그녀는 집 벽면에 말이나 고양이나 개의 사진을 가득 붙여 놓았다고 한다.

마거리트의 작품 중 가장 유명한 『미스티: 친커티그섬의 안개(Misty of Chincoteague)』는 실제로 있었던 야생 조랑말 이야기에 영감을 받아 쓴 글이다. 이 책에는 버지니아주와 메릴랜드주 연안에 있는 애서티그섬에서 친커티그섬으로 일 년에 한 번씩 야생마들을 물을 건너 몰고 가는 전통 행사가 생생하게 묘사되어 있다. 그녀는 실제로 미스티라 이름 붙인 조랑말을 일리노이에 있는 자신의 집으로 데려와 그 말을 위해 마구간을 지어 주었다. 마을에 사는 아이들은 미스티를 씻기고 단장해 주려고 서로 앞 다투어

마거리트를 찾아왔다. 이따금씩 특별 손님이 방문할 때면 훌륭한 매너를 몸에 익힌 미스티가 마거리트의 집 거실에서 직접 손님을 맞이하곤 했다.

1947년 『미스티: 친커티그섬의 안개』가 처음 출간되었을 당시 이 작품은 책이 없어서 못 팔 정도로 불티나게 팔려 나갔다. 책 사인회가 열리는 날이면 마거리트는 멋들어진 모자를 쓰고 나타났는데, 그중에는 동물들이 삐죽삐죽 나와 있는 조화 모양의 모자도 있었다. 마거리트는 『미스티: 친커티그섬의 안개』와 『저스틴 모건과 말(Justin Morgan Had a Horse)』로 뉴베리 영예상을 수상하며 작품성을 인정받았다. 후에 아라비아의 종마에 대한 이야기인 『바람의 왕, 고돌핀 아라비안(King of the Wind)』으로는 뉴베리 대상을 수상하는 영광을 거머쥐기도 했다.

마거리트의 마지막 저서는 그녀가 94세가 되던 해인 1996년에 쓴 『소더스트 계곡의 갈색 햇빛(Brown Sunshine of Sawdust Valley)』이라는 소설이었다. 그녀는 작품을 출간한 이듬해에 세상을 떠나며 동물에 대한 글을 써온 83년간의 경력을 마무리 지었다.

Pablo Neruda

# 파블로 네루다

## 반려동물이 생명의 은인이 될 때

개 덕분에 목숨을 부지한 경험이 있는 파블로 네루다는 명실공히 라틴 아메리카에서 가장 권위 있는 시인이라고 할 수 있다. 그는 사랑을 노래한 시뿐 아니라 역사적인 서사시, 평범한 동물과 사물에 대한 시, 특히 불의에 맞서 싸우는 시를 쓴 것으로 유명하다.

1904년에 칠레에서 태어난 네프탈리(Neftali)라는 이름의 한 소년은 고작 10세밖에 되지 않는 나이에 시를 끄적이기 시작해 13세에는 수필을 발표하기에 이르렀다.

20세가 되던 해에 그는 이미 시집을 두 권이나 발표한 칠레 시인으로 명성을 날리고 있었다. 그러나 철도청에서 근무하던 그의 아버지는 시를 짓는 것은 가난으로 가는 지름길이라며 그가 시인이 되는 것을 완강히 반대했다. 그 때문에 네프탈리는 다른 이름으로 몰래 활동을 해야 했고, 필명인 파블로 네루다라는 이름은 그렇게 탄생했다.

네루다는 말을 타러 나갈 때가 아니면 대부분의 시간을 다양한 형태의 시를 쓰며 보냈다. 조국에 대한 뜨거운 애정으로 고무된 그는 부유한 귀족들이 평범한 국민들에게 가하는 고통에 대해 쓴소리를 퍼붓곤 했다. 그는 초록색을 희망의 색이라고 믿으며, 시를 쓸 때도 초록색을 사용해 썼다.

현재도 마찬가지이지만 그 시대에도 시를 써서 생계를 꾸리는 것은 여간 힘든 일이 아니었다. 그렇기에 네루다는 따로 본업을 가져야 했다. 그는 정계에 입문해 칠레를 대표하는 외교관이 되어 세계를 돌아다녔다. 그리고 여러 다른 나라를 순회하면서 국민들이 자발적으로 부패한 정부에 맞서 들고 일어나는 일들을 보고 겪게 되었다.

스페인으로 발령받아 마드리드에 도착했을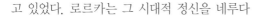
때 기차역에 네루다를 마중 나온 사람은
그가 존경해 마지않는 유명한 시인인
페데리코 가르시아 로르카였다. 그때
는 스페인 내란이 막 터지려던 시기
로 군주 일가가 국민들을 상대로 대
치하는 심각한 위기 상황이 벌어지
기 일보 직전이었다. 그즈음 로르카
를 선두로 한 작가들 사이에는 이상주
의적이고 진보적인 정신이 널리 퍼져 나가
고 있었다. 로르카는 그 시대적 정신을 네루다
에게도 전파해 주었다. 때마침 네루다로서는 동아시아에서 오랜 시간 일하
며 얻은 우울증과 고독감을 이겨내려 애쓰고 있었기에, 뜻을 같이하는 운
동가나 예술가들과 더불어 기꺼이 동료애를 나누길 바랐다.

그런데 내전이 터지고 얼마 지나지 않아 로르카가 정부군에 의해 처형
당해 죽고 말았다. 그 소식은 네루다에게 엄청난 충격을 안겨 주었다. 단지
친구가 암살을 당했다는 두려움 때문은 아니었다. 로르카의 죽음은 그 이
상의 의미를 내포했다. 그에게 로르카는 시 전체를 대표하는 상징적 인물
과도 같았고 그렇기에 그 사건은 적군이 시 전체를 말살시켜 버린 것과 같
은 충격을 주었던 것이다.

그 이후로 네루다는 더 이상 슬픔, 붉은 양귀비처럼 반짝이는 사랑, 꿈
같은 환상에 대한 시를 쓰지 않았다. 그런 시들은 전 세계에 추악한 폭력

이 판을 치는 차가운 현실을 모르는 척 외면할 뿐이었다. 대신 그는 대담한 필체와 반복적인 글귀를 사용하여 선명하고 생생한 인상을 주고 더욱 많은 독자들의 마음을 깊이 울릴 수 있는 그런 시를 쓰기로 결심했다. 그렇게 해서 태어난 것이 「내가 몇 가지 설명할게요(I Explain Some Things)」라는 시였다. 그의 시는 이제 더욱 단순한 형태를 입고 읽는 이에게 행동에 나서라고 외치기 시작했다.

파블로 네루다가 쓴 가장 훌륭한 작품 중 하나로 손꼽히는 기념비적 시집으로 『모두의 노래(Canto General)』가 있다. 독창적이고 서사적인 이 시집은 아메리카 대륙의 장대한 역사를 정복자들의 입장에서가 아니라 주민들 스스로의 관점에서 서술한 작품이었다.

Kiria

네루다는 한때 '키리아'라는 몽구스를 길들여 정성스레 키웠다. 몽구스는 네루다와 한 상에서 같이 밥을 먹고 네루다의 신문을 밟아 구기고 그의 어깨 위에서 웅크리고 낮잠을 잤다. 어느 날 몽구스가 자취를 감추자 네루다는 무척 상심했다고 한다.

마드리드에 폭탄이 떨어져 무고한 시민들이 희생당하자 네루다는 파리로 거처를 옮기기로 했다. 거기서 그는 동료 작가들을 모아 스페인 국민들에게 지지를 보낼 거대 규모의 집회를 조직하는 일에 힘을 보탰다. 그 집회에 참여한 작가 중에는 어니스트 헤밍웨이와 랭스턴 휴스도 있었다.

글 쓰는 것 외에 네루다가 가장 자연스럽게 여겼던 일도 파리에서 이루어졌다. 바로 2,000명에 달하는 스페인 난민의 탈출을 주선한 일이었다. 프랑스 치하의 수용소에서 매우 열악한 환경에 놓여 있던 난민들은 네루다 덕분에 낡은 배를 타고 무사히 칠레로 건너갈 수 있었다. 그 사건은 전 세계에서 주요 뉴스로 다루어지며 칭송받았고 네루다 자신도 그 일을 두고 "내가 해낸 일 중에 가장 고결한 일"이었다고 평했다.

시인이자 사회 운동가였던 네루다는 열렬한 동물애호가이기도 했다. 그는 어느 도시에 가든지 동물원을 방문하는 일정을 반드시 끼워 넣었다.

반려동물은 그에게 매우 중요한 존재였다. 한번은 애완용 오소리를 기르려고 시도한 적도 있었다. 오소리에게는 손님들의 목을 깨무는 습성이 있어 하는 수 없이 기르기를 포기해야 했지만 말이다.

그가 가장 아끼고 사랑한 반려동물은 '쿠타카'라는 이름의 개였다. 그리고 쿠타카는 말 그대로 그의 생명을 구했다.

스리랑카에 살 때 일어난 일이었다. 네루다는 쿠타카를 데리고 밤 산책에 나섰다가 그만 발을 헛디뎌 기차선로에 쓰러지고 말았다. 바로 앞에는 기차가 빠르게 달려오고 있었다! 쿠타카는 큰 소리로 미친 듯이 짖어 댔고 다행히도 그 소리를 들은 기관사는 늦지 않게 기차를 세울 수 있었다. 그 개의 영웅 같은 활약상

Kuthaka

을 기리는 의미에서 네루다는 황혼이 되
어 칠레에서 살 때 그가 기른 반려견
에게 전부 쿠타카라는 똑같은 이름을
붙여 주었다고 한다.

네루다의 시 중에 「개가 죽었다(A Dog
Has Died)」라는 시가 있다. 깊은 슬픔이 그
대로 느껴지는 비가이다. 아마도 네루다는 쿠타카를 마음에
두고 이 시를 쓰지 않았을까 싶다. 이 추도(追悼)의 시는 사
람과 개의 관계를 진실되고 행복한 관계로 묘
사하는데, 그 개가 더 이상은 마음의
안정과 위안을 줄 수 없게 된 현재를
반영하듯 과거 시제로 표현해 더더욱

서글픈 느낌을 준다. 그 시에서 네루다는 오직 주인을 향해서만 보여 주는 개의 특별한 눈빛과 아무 대가를 바라지 않고 주기만 하는 개의 절대적인 사랑과 우정을 절절하게 그려냈다.

그가 쓴 시가 세
계적으로 더욱 많
이 팔려 나갈수록 네루
다는 시를 통해 사회적 정의
실현의 의지를 더욱 대담하게 드
러냈다. 그리고 그로 인해 칠레 정부
의 눈 밖에 나는 일이 잦아졌다. 공직에서
해고된 것은 물론이고 체포령까지 떨어지게 되
어 저멀리 도피하여 신변을 숨겨야만 했다. 그는 말
안장 주머니에 원고를 찔러 넣고 산맥을 가로질러 말을
타고 달아났다. 한때는 3년간이나 추방자의 신분으로 숨어
지내야 했던 적도 있다.

하루는 한밤중에 그가 살던 집에 칠레의 무장 경찰들이 급습해 들어 왔다. 잠에서 깨어난 네루다는 그들을 마주보고 말했다.

"마음껏 둘러보시오. 이곳에 위험한 물건이라고는 단 하나밖에 없으니. 그게 뭐냐고? 바로 시요."

그제야 경찰들은 뒤로 물러섰다고 한다.

시에는 얼마나 큰 힘이 서릴 수 있을까? 네루다는 시의 저력을 믿었다.

시 한 편만으로는 전쟁을 막거나 악랄한 지배자를 제거하기에 역부족일지 모르지만 진실을 걸러 내어 보여 주는 독특한 힘은 시라는 매체에 담겨 있으며, 시의 이러한 힘은 누적될 수 있어서 한 방울씩 떨어져 고이는 물방울처럼 하나하나 모이다 보면 결국은 사람들의 머릿속에 커다란 물결을 일으킬 수 있다는 것이다. 네루다는 불의에 맞서 흐르는 저항의 물결에 시가 가공할 만한 큰 힘을 보탤 수 있다고 굳게 믿었다.

2003년 샌프란시스코에서 전쟁 반대 시위가 벌어졌을 때 네루다의 감명적인 시어는 거리 곳곳에 매달린 현수막 위에서 빛을 발했다.

"독재자는 노래하는 이들의 목을 잘라 버릴지 몰라도, 우물 바닥에 흘러든 그 목소리는 땅속 비밀의 샘으로 모여들어, 다시 어둠을 뚫고 사람들의 입을 통해 높이 솟아오를 것입니다."

2010년에 태동한 아랍의 봄 시위에서도 "모든 꽃을 꺾어 버린다 해도 봄이 오는 것은 막을 수 없습니다."라는 그의 시어는 스프레이 페인트로 뿌려져 이집트 카이로 시가의 건물 벽면을 곳곳 가득 수놓았다. 그리고 2017년 1월 전 세계적으로 거행된 여성 가두행진에서도 여성들은 동일한 문구를 적은 포스터를 들고 행진했다.

네루다는 1971년에 노벨문학상을 받았으며 그의 작품들은 전 세계에서 수많은 언어로 번역·출판되었다. 그로 인해 세 채의 집을 소유할 만큼 많은 돈도 벌어들일 수 있었다.

1973년 세상을 떠날 당시 파블로 네루다는 칠레의 국민 시인으로서 추

앙받고 있었다. 그야말로 명성뿐 아니라 부까지 거머쥔 셈이니 시인으로서는 상당한 성과가 아닐 수 없다.

Kurt Vonnegut

# 커트 보니것

## 펌킨의 억양이 실린 블랙 유머

환상과 공상 과학의 기법을 버무려 현대인이 살아가는 삶 속의 섬뜩하고 무서운 면모를 생생히 그려 낸 커트 보니것은 처절할 정도로 암울한 시각으로 세계를 바라본 소설가였다. 그러나 그러한 그도 강아지 '펌킨'에게만은 다정하기 그지없었다.

어린 시절의 커트 보니것은 "아무 일도 일어나지 않았다."는 날에도 여러 장에 걸쳐 긴 일기를 쓰던 아이였다. 어른이 된 그는 제2차 세계 대전에서 미국 공군 소속으로 복무했다. 전쟁 도중에 그는 독일군에게 잡혀 포로가 되었는데, 그가 포로로 잡혀 있는 동안 무고한 시민 25,000명의 목숨을 빼앗고 도시를 초토화시킨 1945년 독일 드레스덴 폭격이 벌어졌다. 도살장 사물함에 숨어든 그는 동물 사체에 둘러싸여 목숨을 간신히 부지할 수 있었다.

보니것이 최초로 발표한 소설 『자동 피아노(Player Piano)』는 이렇다 할 성공을 거두지 못했다. 그러나 그는 인내를 가지고 『고양이 요람(Cat's Cradle, 참고로 이 책은 고양이가 주인공이 아니라 핵무기로 인한 파멸을 경고하는 작품이다)』 등의 책을 계속해서 써 나갔다. 꾸준히 글을 쓰는 동안 그는 절망적인 상황에서도 웃음을 자아내는 자신만의 블랙 유머 스타일을 완성시켰다. 그의 작풍에 많은 영향을 준 작가로는 조지 오웰과 마크 트웨인을 들 수 있지만, 잡지에 글을 기고했던 어머니의 영향도 무시할 수 없다. 그에게 중요한 돌파구가 된 작품은 드레스덴에서 직접 겪은 경험을 바탕으로 써낸 『제5도살장(Slaughterhouse-Five)』이었다. 출간과 동시에 베스트셀러가 된 이 소설은 누군가 죽을 때마다 냉소적으로 흘러나오는 "뭐 그런 거지(So it goes)."라는 문구로 유명하다.

보니것에게 큰 의지가 되어 준 것은 라사 압소 종의 펌킨이라는 이름의 개였다. 우스꽝스러울 정도로 털이 길고 잘 짖어 대던 펌킨은 보니것이 글을 쓸 때면 그의 무릎 위에 누워 낮잠을 자거나 해변에서 즐겁게 뛰어 놀았다. 보니것은 비가 올 때 펌킨에게 우산을 씌워 주며 함께 산책을 나갔고, 심지어는 결혼사진도 함께 찍었다. 보니것에겐 동물이 사람보다 더 우월해 보였다. 그는 이렇게 썼다.

"누구에게든지 물어보세요. 개와 고양이가 우리 사람보다 더 영특하답니다."

그는 반전주의 신념을 굳게 다져 나가는 한편 자신의 평화주의적인 이상을 동물들에게까지 확대시켜 사냥이나 낚시를 반대하기도 했다.


펌킨이 죽은 뒤 보니것은 펌킨과 똑같은 라사압소 개를 입양하여 '플라워'라고 이름 붙였다. 그리고 84세가 되던 해인 2007년에 플라워를 데리고 산책을 하러 나갔다가 개 목줄에 걸려 넘어진 뒤 얼마 후 세상을 떠났다.

한번은 그가 이런 질문을 던진 적 있다.

"세상의 종말이 오면 우리는 어떻게 행동해야 할까요?"

이 질문에 대한 그의 대답은 다음과 같았다.

"우리는 평소보다 서로에게 더욱 친절하게 대해야 합니다. 다만 그렇다고 너무 심각해서는 안 되지요. 유머는 큰 도움이 됩니다. 그리고 아직 개가 없다면 어서 빨리 개를 데려와 기르세요!"

Flannery O'Connor

# 플래너리 오코너

## 공작새와 함께해야 비로소 삶이 즐거워

　공작새를 수집하는 취미로도 잘 알려진 플래너리 오코너는 걸작으로 남은 32편의 단편소설과 2편의 장편소설을 쓴 미국 작가이다. 그녀는 블랙 유머가 돋보이는 미국 남부식 고딕 스타일로도 유명하다.

플래너리 오코너는 작품의 개요를 미리 정하지 않고 글을 썼다.

"저는 그저 사냥개처럼 냄새를 맡으며 이야기를 쫓아갈 뿐입니다. 냄새가 이끄는 대로 따라가는 것이지요."

글을 쓸 때는 사냥개의 방식을 쫓았을지도 모르지만 그녀의 실제 삶은 조류로 가득 차 있었다. 그게 아니라면 어떻게 무려 100마리나 되는 공작새를 기르며 살았겠는가?

이 모든 것은 어느 날 닭 한 마리로부터 시작되었다. 그녀는 조지아주에 있는 한 농장에서 자랐는데 훗날 자신의 어린 시절 모습을 다음과 같이 묘사했다.

"저는 움푹 들어간 턱에 안짱다리로 걸어 다니면서 '날 그냥 놔둬. 그렇지 않으면 콱 물어 버릴 테니까.' 콤플렉스를 폴폴 풍기던 외동아이였습니다."

무슨 연유에서였는지 모르지만 그녀는 5세 때 코친종 반탐 닭을 한 마리 데려다 뒤로 걷도록 훈련시켰다.

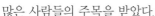

그것이 어찌나 진기한 광경이었던지 언론과 많은 사람들의 주목을 받았다.

하루는 뉴욕에서 한 사진사가 찾아왔다. 그는 오코너와 닭을 출연시켜 〈뒤로 걷는 특이한 닭(Unique chicken Goes in Reverse)〉이라는 짧은 영상물을 제작했다. 극장에서 영화와 영화 사이에 막간극으로 상영하는 용도의 영상물이었다.

그날부로 오코너는 닭을 비롯한 조류 동물을 수집하는 일에 집착을 보이기 시작했다. 동물들에게 입힐 옷가지도 직접 만들었다. '에그버트 대령'이라는 이름을 붙인 회색빛의 반탐 닭에게는 레이스 옷깃에 단추 두 개가 등에 달린 하얀색 피케 코트도 만들어 입혀 주었다. 고등학교 재학 시절에 옷을 만들어 갈 숙제가 있었을 때는 자신이 입을 나들이 원피스 대신 애완용 오리에 입힐 의복을 전용 속옷까지 해서 위아래 한 벌로 만들어 가져갔다. 그뿐인가, 그 오리를 직접 학교에까지 데려가 모델로 세우기도 했다.

그녀는 멈출 수가 없었다. 꿩, 메추라기, 칠면조, 에뮤, 타조, 거위 17마리, 한 무리의 청둥오리, 비단같이 매끄러운 일본산 반탐 닭 3마리, 볏이 달린 폴란드산 닭, 로드아일랜드레드종 닭 등등…… 그녀는 다양한 조류를 끊임없이 집 안에 들였다.

한편 플래너리 오코너는 조지아주립여자대학을 졸업하고 아이오와주립대학의 작가 워크숍에서 수학하며 글쓰기에 두각을 나타냈다. 그녀는 너새니얼 호손, 에드거 앨런 포, 헨리 제임스의 작품을 제일 좋아했는데 월세를 벌기 위해 아이들 돌보는 일을 하면서 우상처럼 생각하는 그 작가들 작품에 나름의 재해석을 덧입혀 나갔다. 첫 소설 『현명한 피(Wise Blood)』를 포함해 그녀의 소설은 주로 미국 남부의 시골을 배경으로 한다. 그런데 소설에는 깜짝 놀랄 만큼 잔인한 폭력 장면과 새를 형상화한 장면들이 많이 등장해 불편하고 충격적인 느낌을 줄 때가 많다.

20세의 어느 날 오코너는 어디서 보거나 들은 것도 아닌데 갑자기 공작새, 그중에서도 수컷 공작새를 기르고 싶다는 충동에 사로잡혔다. 그때까지 그녀가 공작새에 대해 아는 사실이라곤 공작새 수컷이 암컷을 유혹하기 위해 엄청나게 아름다운 꽁지깃을 이용한다는 사실과 그 꼬리를 활짝 펴면 태양계 전체의 지도가 펼쳐진 것처럼 보인다는 사실이 전부였다. 오코너는 결국 통신 판매를 통해 수컷 공작새 여섯 마리, 암컷 공작새 한 마리 그리고 새끼 공작새 네 마리를 주문했다.

공작새들이 마침내 집에 들어오자 그녀는 어찌나 흥분했던지 다음과 같이 말했다.

"매번 문 밖을 나설 때마다 발에 채일 만큼 수많은 공작새를 갖고 싶어요."

공작새들이 짝짓기를 할 때마다 그녀의 꿈은 조금씩 실현되었다. 얼마 후 그녀는 말 그대로 공작새들에게 둘러싸일 수 있게 되었다.

그녀는 공작새들이 벌이는 구애의 춤을 주의 깊게 관찰하며 무척 신기해하고 즐거워했다. 수컷이 날개를 활짝 펴고 아름다움을 과시하며 화려한 쇼를 벌이면 암컷은 수컷을 가볍게 무시하곤 했다. 오코너는 그들의 습성에 대한 모든 것을 기록으로 남겼다. 때로 쇼팽의 음악을 틀어 주면 공작새들은 그 음악에 맞추어 노래를 부르기도 했다. 자면서 난

폭한 꿈을 꾸는 듯도 했다. 누군가를 부르는 소리와 대답하는 소리가 밤새 이어질 때도 있었고 때로는 "도와줘! 도와줘!"라고 비명을 지르는 소리가 들리는 것 같기도 했다. 이런 공작새들의 습성은 오코너의 글 속으로도 스며들었다.

오코너는 다른 사람들이 이 특이한 반려동물에 대해 보이는 반응을 즐겼다.

"우리 집을 찾는 방문객들은 현관에서 뛰쳐나오며 우렁차게 짖는 개들 대신 파란 목덜미에 볏이 삐쭉 솟은 공작새들이 잔디밭 뒤에서 불쑥 머리를 내밀거나, 덤불 뒤에 숨어 밖을 힐끔힐끔 내다보거나, 옥상에서 집 아래로 목을 쑥 빼고 소리를 꽥꽥 질러대는 광경을 마주하게 된답니다."

방문객들 앞에서 공작새들이 구애의 춤을 추기 시작하면 방문객들은 할 말을 잃고 경탄의 눈으로 그들을 바라보았다.

"수컷 공작이 어쩌다 기분이 내킬 때면 당신을 정면으로 마주보기도 해요. 그러면 초록색과 청동색이 둥글게 원을 그리는 커다란 날개 속에 강렬한 태양이 후광을 내뿜고 있는 온 우주를 마주할 수 있지요. 대부분의 사람이 할 말을 잃고 고요해지는 순간이랍니다."

방문객들 중에는 종종 단체로 찾아오는 초등학교 1학년 아이들도 있었다. 많은 아이들은 수컷 공작이 휙 도는 모습을 가리키며 "우와, 공작 속옷이 보인다!"라고 흥분하여 외치곤 했다.

25세가 되던 해에 오코너는 갑자기 타자를 치는 팔이 무겁게 느껴지기 시작했다. 이는 홍반성 낭창의 발병 초기 증상으로 면역 체계에 문제가 생겨 근육이 약해지는 심각하고 고통스러운 병이었다. 앞으로 4년밖에 더 살지 못할 거라는 선고를 받은 그녀는 마음을 굳게 다잡고 글 쓰는 일에 더욱 정진했다. 그녀의 태도는 더없이 긍정적이었다.

"이런 병에 걸렸다고 해서 글 쓰는 일을 게을리 할 수는 없습니다. 왜냐하면 글 쓰는 일에는 머리가 필요하지, 발이 필요한 게 아니니까요."

그 후로 죽을 때까지 오코너는 앨라배마에 있는 가족 농장에서 어머니와 함께 살았다. 오후만 되어도 피곤하고 머릿속이 뿌옇게 흐려졌기 때문에 글 쓰는 일은 오전 중에 마쳐야 했다. 어느 때는 단 2시간 동안 글을 쓰기 위해 22시간 동안 휴식을 취해야 할 때도 있었다. 그녀는 좋아하는 간식 바닐라 웨이퍼를 야금야금 베어 먹으며 집중해서 글을 썼다. 전날 힘들게 쓴 글을 찢어 버릴 때도 많았다. 그녀는 "몇 달에 걸쳐 쓴 글을 모두 포기해야 할 때도 있지만 그것이 결코 시간 낭비라고 생각하지 않는다."고 말했다.

시간이 지날수록 걷는 것마저 힘겹게 느껴질 때가 많았지만 오코너는 기력이 나면 꾸준히 새들을 보살피고 방문객들을 맞았다. 목발을 짚고 서서 흐뭇하게 반려동물을 쳐다보고 있으면 평안의 원천이 느껴지는 것만 같았다. 그리고 어쩌면 그 안에서 긍정적인 마음을 유지시켜 주고 원기를 북돋아 주는 원동력을 찾았는지도 모른다.

아픈 몸임에도 불구하고 그녀는 되도록 자주 청중들과 자신의 작품에 대해 이야기를 나누는 자리를 만들려고 노력했다. 한번은 그런 자리에서 한 어린 소녀가 물었다.

"오코너 작가님은 왜 글을 쓰시나요?"

그녀의 답은 다음과 같았다.

"그게 내가 잘하는 일이기 때문이란다."

오코너는 결국 병세가 악화돼 병원에 입원해야 했다. 의사들은 글을 쓰지 못하도록 막았지만 그녀는 베개 밑에 몰래 공책을 숨겨 두고 간호사들의 눈을 피해 부지런히 글을 썼다.

홍반성 낭창이란 병을 앓기 시작한지 13년째인 1964년 플래너리 오코너는 39세의 나이로 세상을 떠났다.

그로부터 6년 후 그녀의 작품을 모아 엮은 『단편소설 전집(Complete Stories)』은 전미도서상을 수상했다.

Maurice Sendak

# 모리스 센닥

## 개 그리고 다른 괴물들

　20세기 최고의 아동문학 작가로 꼽히는 모리스 센닥은 『괴물들이 사는 나라(Where the Wild Things Are)』로 칼데콧 대상을 수상했다. 동물을 매우 좋아했던 만큼 그가 쓴 작품은 동물을 소재로 한 것이 많다.

모리스 센닥이 태어나서 처음으로 가졌던 책은 그의 누이가 선물로 준 마크 트웨인의 『왕자와 거지』였다. 그는 만화책, 찰리 채플린의 영화, 괴물 영화, 월트 디즈니의 〈미키 마우스〉나 〈판타지아〉에 푹 빠져 지내던 아이였다. 어렸을 적 병치레를 많이 한 모리스 센닥은 9세 때 처음으로 글을 쓰기 시작했다. 그리고 고등학교를 졸업한 뒤 꿈꾸던 직장에 취직하여 자신의 재능을 펼칠 절호의 기회를 얻게 되었다. 바로 뉴욕시에 있는 파오 슈바르츠 장난감 가게에서 쇼윈도의 상품 진열을 기획하는 일이었다. 그는 낮엔 일을 하고, 저녁엔 미술 수업을 들으러 다녔다.

그가 진열한 쇼윈도는 전설적인 아동문학 편집장인 우르술라 노드스트롬의 눈길을 잡아끌기에 충분했다. 1951년 우르술라는 센닥을 『멋진 농장(The Wonderful Farm)』의 일러스트레이터로 고용했고, 그 후로 센닥은 역사로 남을 만한 일들을 만들게 된다. 그는 다른 작가들이 쓴 80여 권의 작품에 들어갈 일러스트를 그렸으며 그러다 마침내 자신만의 완전한 창작을 할 수 있게 되었다.

오랜 세월 왕성하게 작품 활동을 하는 동안 글을 쓸 때 많은 영감을 받은 것은 바로 개들이었다. 그는 자신이 최고로 아끼는 작품으로 『히글티 피글티 팝!-삶에는 분명히 뭔가가 더 있을 거야(Higglety Pigglety Pop! Or

There Must Be More to Life)』를 꼽았다. 그 책을 쓰는 데 영감을 준 것은 그가 키웠던 실리엄테리어인 '제니'였다. 책의 주인공 이름 또한 '제니'였으며 반려견 제니는 이 책이 나오기 바로 전에 죽었다고 한다.

한번은 센닥이 살던 뉴욕의 아파트에 한 손님이 센닥이 기르던 고양이와 제니를 보려고 찾아왔다. 찾아온 손님이 고양이 털 때문에 재채기를 하자 센닥은 그를 배려해 고양이를 잠시 창문 밖 선반에 내놓았다. 슬프게도 그 뒤로 다시는 그 고양이를 볼 수 없었다고 한다.

센닥이 쓴 명작 중의 명작 『괴물들이 사는 나라』에 나오는 괴물들은 어렸을 때 그를 두려움에 떨게 했던 이민자 친척들에게서 영감을 얻었다고 한다. 당시 그의 눈에는 그 친척들이 마치 괴물 인간처럼 보였던 것이다. 평범함과 거리가 먼 이 작품은 그야말로 뜨거운 화젯거리가 되었다. 분노나 슬픔 같은 아이들이 실제로 느끼는 감정들을 다룸으로써 일부 비평가들은 이 책이 아이들에게 지나치게 무섭다고 평하기도 했다. 그러나 시간이 지나며 이 책은 수백 수천만 권이 넘게 팔려 나갔고, 자라나는 아이들이 반드시 읽어야 할 필독서로 자리잡았다. 이 책은 센닥의 유명한 3부작 시리즈 중 첫 번째에 해당하는 이야기로 뒷이야기는 『깊은 밤 부엌에서(In the Night Kitchen)』와 『잃어버린 동생을 찾아서(Outside Over There)』로 이어진다.

Melville

센닥에게 가장 소중했던 반려동물은 온순한 성격이었던 독일셰퍼드 '멜빌'이었다. 센닥은 작가 에밀리 디킨슨, 그림 형제, 베아트릭스 포터를 비롯해 허먼 멜빌을 우상처럼 추종했는데, 이 멜빌이라는 이름도 작가 허먼 멜빌에서 따온 것이었다. 그는 오래도록 멜빌의 책 내용을 활용해 뭔가를 쓰고 싶다는 숙원을 가지고 있었다. 그러나 멜빌의 대표작 『모비 딕(Moby-Dick)』은 그 염

원을 이루기엔 별로 적합하지 않았기에 센닥은 결국『피에르, 혹은 모호함(Pierre: or, The Ambiguities)』을 통해 그 꿈을 실현시켰다.『피에르, 혹은 모호함』은 멜빌의 작품 중 비교적 대중에게 덜 알려진 작품으로, 센닥은 그만의 새로운 해석을 입혀 남에게 시키기 좋아하고 까칠한 성격을 가진 아이 캐릭터를 만들어 냈다.

센닥은 언젠가 한번 관객들을 향해 "나는 사람들이 싫습니다."라고 고백했다. 그는 사람 대신 멜빌 같은 개와 함께 지내는 것이 더 편하다고 말했다.

겉으로 보기에 그는 무척이나 딱딱하고 깐깐한 사람이었다. 그렇지만 신인 작가들과 만날 때만큼은 스스로 멘토를 자처하며 열렬한 지지와 격려를 아끼지 않는 사람이기도 했다. 또한 가까운 주위 친구들에게 그는 기똥찬 유머 감각의 소유자이자 유명인 흉내를 무척 잘 내고, 믿기지 않을 만큼 재미있는 사람이었다. 그런가 하면 좋고 싫음이 매우 확실하기도 했다. 예를 들자면 전자책을 매우 싫어했으며 '애들 책'이라는 말 또한 견딜 수 없을 만큼 싫어했다.

그는 50년을 함께 산 동반자와 함께 도시를 떠나 코네티컷의 전원 지역으로 이사했다. 그곳에서 정원을 가꾸고 많은 개를 기르며 살았는데, 개들 가까이에만 가면 센닥도 온화하고 부드러운 사람이 되는 것처럼 보였다.

그의 코네티컷 집을 찾아오는 방문객들은 그들을 향해 신이 나서 달려오는 커다란 독일셰퍼드 '아가멤논'에게 가장 먼저 환영을 받았다. 방문객들은 애기(아가멤논의 애칭)가 얼마나 다정하고 친근한 개인지 한눈에 알 수 있었다. 센닥에게는 다른 독일셰퍼드 '에르다'와 레트리버 '아이오'도 있었다. 애기와 에르다는 강아지를 키우기 위해 반드시 알아야 하는 사항을 알려주려고 쓴 『귀여운 강아지–강아지를 정말로 기르고 싶니?(Some Swell Pup: or Are Sure You want a Dog?)』에도 등장했다.

센닥은 종종 방문객들을 데리고 숲으로 긴 산책을 나가곤 했다. 산책 도중 나무들 사이에서 토끼를 마주치기라도 하면 그는 베아트릭스 포터에 대한 열띤 강의를 늘어놓았다. 그리고 산책이 끝나기 무섭게 자신의 서재로 데려가 『피터 래빗 이야기』 초판본을 꺼내 보여 주며 종이 위에 그려진 토끼가 방금 본 살아 있는 토끼와 얼마나 놀랍도록 닮아 있는지 강조하며 설명했다. 센닥의 소장품 중에는 포터가 살아있을 때 실제로 사용했던 지팡이도 있었다고 한다.

그는 개 한 마리를 데리고 매일 산책길에 나섰다. 그러다 하루는 길에서 마주친 어떤 여자가 이렇게 물었다.

"당신이 그 '애들 책' 쓰는 남자인가요?"

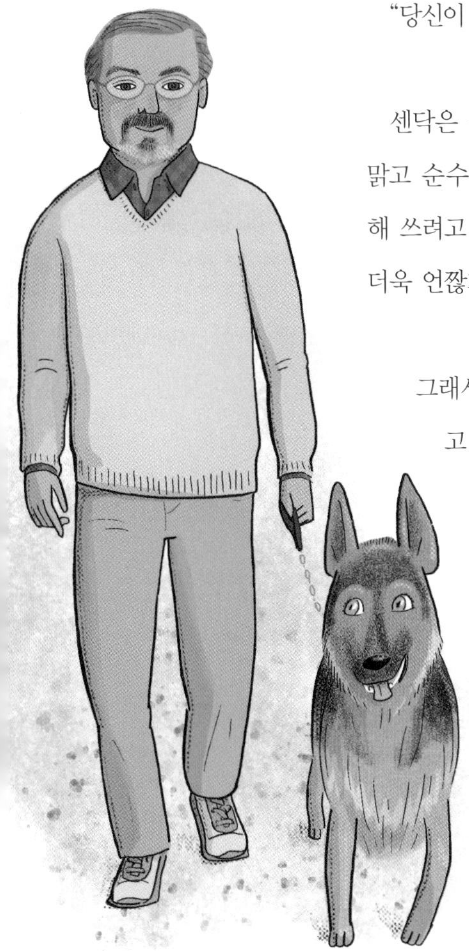

센닥은 침착함을 유지하려 애썼다. 해맑고 순수하기만 한 동화책은 일부러 피해 쓰려고 노력했던 그였기에 그 말은 더더욱 언짢게 느껴졌다.

그래서 그는 이를 악물고 "그렇다."고 답하고는 더 이상 바빠서 이야기할 시간이 없다고 덧붙였다.

그러자 그 여자가 대뜸 "내가 그 책들에 대해 어떻게 생각하는지 알고 싶나요?" 하고 묻더니 대답을 채 듣기도 전에 "난 그 책들이 형편없다고 생각해요!"라고 외치는 것이었다. 이쯤 되자 그도 가만히 있을 수만은 없었다. 그는 쏘아붙였다.

"나는 당신이야말로 형편없다고 생각합니다!"

그리고 책과 개들이 기다리는 집으로 돌아갔다.

그러나 이 일화 속에 등장한 여자는 매우 드문 소수에 속한다. 당시 센닥은 일일이 세기도 어려울 만큼 수많은 문학상을 수상하며 전 세계적으로 크게 인정받고 있었기 때문이다. 그의 작품 세계는 아동문학의 새로운 지평을 열었다고 해도 과언이 아니다.

팬들에게 받은 선물 중 그가 가장 좋아했던 것은 털이 복슬복슬한 생쥐 인형이었다. 그는 그 인형에 베아트릭스 포터의 이름을 따 '베아트릭스'라는 이름을 붙여 주었다. 그리고 인형을 제도용 책상 위에 가까이 놓아 두고서 모차르트의 소나타나 오페라를 들으며 작업을 했다. 그는 여행을 할 때도 어디든지 항상 베아트릭스를 데리고 다녔다. 인형이 너무 낡아서 너덜너덜해졌을 때는 베아트릭스가 평소 앉아서 쉬던 돌멩이를 대신 가지고 다녔다고 한다.

'맥스(센닥이 길렀던 독일셰퍼드의 이름이기도 하다)'라는 신경질적인 아이가 주인공으로 등장하는 그림책 『야생마들이 사는 나라(Where the Wild Horses Are)』을 쓰고 있을 때의 일이다. 갑자기 센닥은 자신이 말을 굉장히 못 그린다는 생각이 들었다. 그렇게 해서 '야생마'들은 '괴물'로 바뀌게 되었다.

언제인지는 알 수 없지만 센닥은 생쥐 인형의 이름을 베아트릭스에서 주디로 바꾸었다. 그리고 2012년 세상을

뜨기 전 자신이 죽으면 생쥐 인형 주디를 자신과 함께 화장해 달라고 한 친구에게 당부했다.

역사가들에게는 안타까운 소식이지만 센닥은 "자신이 죽은 직후 유언 집행자로 하여금 자신의 모든 개인적인 편지나 일기를 일체 파괴해 버릴 것"을 유언장에 명시해 두었다. 그러나 그가 그린 일러스트와 그림 원본만은 다른 사람들이 보고 연구할 수 있도록 도서관에 기증했다.

한편 그가 기르던 개들은 자신이 죽고 난 뒤 가장 절친한 친구가 거둘 수 있도록 확실히 조치해 두었다고 한다.

Alice Walker

# 앨리스 워커

## 닭들과 교감하다

앨리스 워커는 장편소설, 단편소설, 시 장르를 망라해 미국에서 가장 저명한 흑인 작가 중 한 명이자 시민운동가이다. 수많은 닭을 기르는 닭 애호가로도 유명한 그녀는 『컬러 퍼플(The Color Purple)』이라는 소설로 퓰리처상을 수상했다.

앨리스 워커는 조지아주 시골에서 흑인 소작농 가정의 여덟 번째 아이로 태어났다. 그녀가 자라면서 닭들과 강한 유대감을 형성하게 된 데는 두 가지 계기가 있었다. 하나는 집에서 기르던 로드아일랜드레드종 닭이 낳은 달걀을 수업료로 내고 대신 음악 수업을 받은 일이었다.

또 하나는 9세에서 10세 정도였을 때 매주 가족들의 저녁상에 오를 닭을 붙잡아 목을 비트는 일을 그녀가 도맡아 했기 때문이었다. 그녀는 훗날 이 일을 이렇게 회상했다.

"제가 얼마나 마음이 여린 아이였는지 알고 있는 지금에 와서 생각해 보면 그 일은 제 안의 일부분을 망가뜨린 게 분명합니다."

워커는 거들어야만 했던 농장일 대부분을 하지 않게 되었다. 형제 중 한 명이 장난감 총으로 장난을 치다가 그만 워커의 눈을 쏘는 바람에 한쪽 눈의 시력을 잃었기 때문이다.

그 사고로 인해 워커는 더욱 내성적인 성격으로 변했다. 그녀의 관심은 글을 읽거나 쓰는 쪽으로 옮겨 갔다. 그렇게 15세가 되던 해에는 직접 쓴 시들을 모아 『여류 아동 시인의 시 모음(Poems of a Childhood Poetess)』이라는 야심찬 제목으로 시집을 내기에 이르렀다.

워커는 그 지역에서 유일하게 흑인 학생들을 받아 주는 고등학교로 진학하여 누구에게나 인정받는 우등생이 되었고, 대학 장학금을 타는 데 성공했으며, 졸업반 중 가장 인기 있는 학생뿐 아니라 프롬 퀸으로 뽑히기도 했다.

1961년 그녀는 어머니에게서 받은 세 가지 물건을 가지고 대학 진학을 위해 집을 떠났다. 첫 번째 물건은 자급과 독립을 상징하는 재봉틀이었으며, 두 번째는 전 세계를 여행할 허락을 얻었다는 의미의 큰 여행용 가방이었다. 가장 중요한 세 번째는 자기 자신과 어머니의 이야기를 글로 쓸 수 있는 타자기였다.

대학생이 되기 전부터 그녀의 마음 안에서는 기존 통념에 반하는 사고방식 및 적극적 행동주의 의식이 싹트고 있었다. 당시에는 흑인들이 버스를 타려면 반드시 뒷자리에 가서 앉아야 한다는 통념이 법으로 정해져 있었다. 여름에 직접 본 적이 있는 마틴 루서 킹 목사의 연설과 그가 이끄는 시민운동에 깊은 감명을 받은 그녀는 한번은 버스를 탔을 때 일부러 앞자리를 택해 앉았다. 한 백인 여성이 운전기사에게 거세게 항의를 해 강제로 뒷자리에 옮겨 타야 했지만 말이다.

사라로렌스대학을 다니던 마지막 해에 앨리스는 작고 파란 공책에 시를 하나씩 써 나갔다. 그리고 하루는 시인이기도 했던 뮤리엘 루카이저 교수의 사무실로 가서 그 공책을 문 밑으로 슬며시 밀어 넣었다. 루카이저 교수는 자신의 에이전트에게 공책 속 시들을 보여 주었고, 그 시들은 4년 후 워커가

24세가 되던 해에 모음
집 형태로 출간되었다.

Margaret Walker

당시 대학에 개설된 대부분의
문학 강의에서는 미국 흑인 작가들이 쓴 작품을 거의
다루지 않았다. 그러다 마침내 워커는 시카고 흑인 르
네상스 운동에 참여했던 시인인 마거릿 워커의 수업
을 들을 기회를 얻게 되었다. 그 수업을 통해 그녀는
1920년대 할렘 르네상스 운동에서 중요한 활약을 펼
친 작가이자 인류학자였던 조라 닐 허스턴에 대해 알게 되었다. 그 후로 허
스턴은 워커에게 매우 깊은 영향을 끼친 작가가 되었으며 그 밖에 그녀에게
많은 영향을 끼친 작가로는 버지니아 울프나 플래너리 오코너 등이 있다.

1973년 〈미즈 매거진(Ms. Magazine)〉의 편집자가 되기 전 앨리스 워커는
조라 닐 허스턴의 발자취를 쫓다가 플로리다주에 묘비명도 없이 방치되어
있는 그녀의 무덤을 발견하게 되었다. 무덤이 눈에 잘 띌 수 있도록 조치를
취한 워커는 더 나아가 자신의 역량을 최대한 발휘해 허스턴의 작품에 대
한 대중의 관심을 다시 불러일으키고 그녀의 모든 작품이 다시 세상에 나
올 수 있도록 모든 노력을 아끼지 않았다.

졸업과 함께 미시시피주로 이사한 앨리스는 본격적으로 시민 민권 운동
에 뛰어들었다. 또한 학생들을 가르치는 일을 맡아 미국 최초로 미국 흑인
여성 작가들에 대해 배우고 연구할 수 있는 수업을 개설했다.

워커가 쓴 단편소설, 장편소설, 수필들은 많은 호평을 받았다. 그중에서도 가장 널리 알려진 명작인 『컬러 퍼플』은 생존과 독립을 위해 싸우는 한 흑인 여성의 분투를 생생히 그려낸 작품이다. 미국 내 흑인 문화에 대한 강렬한 통찰력을 바탕으로 한 이 작품은 흑인들, 그중에서도 흑인 여성들의 투쟁을 중점적으로 다루었다. 특히 인종 차별과 성차별이 만연한 폭력적인 사회에서 살아가야 하는 그들의 삶이 주가 되었다. 페미니스트이기도 한 워커는 1983년에 흑인이나 유색인종 출신의 페미니스트를 따로 지칭하는 '우머니스트(Womanist)'란 용어를 새로 만들어 냈다.

그녀는 반려견 '말리'와 반려묘 '서프라이즈'를 데리고 사과 농장이 많은 캘리포니아 북부의 한 지역으로 이사했다.

그러나 워커가 가장 좋아한 동물은 닭이었다. 그리고 그녀는 실제로 매우 많은 닭을 길렀다. 오프라 윈프리가 조역으로 등장하기도 한 〈컬러 퍼플〉 영화가 세상에 나온 뒤, 발리에서 지내던 어느 날 불춤을 보고 집에 돌아오던 길에 한 마리 닭이 그녀의 눈에 띄었다. 그때 불현듯 자신이 예전에 공유했던 닭과의 유대감이 떠올랐다고 한다.

워커의 닭들은 가히 문학적이었다. 작가 거트루드 스타인의 이름을 따서 지은 '거트루드'는 그녀가 처음 기른 닭으로 언제까지나 워커의 제일 소중한 닭으로 남았다. 다른 닭들에게는 조금 더
장난스러운 이름을 붙였다. 글로리어스, 루퍼
스, 스플렌더, 호텐시아(이 닭은 어찌나 억셌던지
자기가 직접 낳은 달걀을 먹어 버리곤 했다), 베이
브, 신의 아그네스 등의 이름이었다. 게다가 글
래디스라는 이름은 무려 다섯 마리에게 똑같
이 붙여 주었다.

닭들에게 물과 먹이를 주고 보살피며 생활하는 동안 워커는 닭들과 빠
르게 사랑에 빠졌다. 그녀에게 닭은 부정할 수 없이 멋지고 아
름다운 존재였다.

워커는 한때 12마리나 되는 닭과 더불어 생활했다. 그
때 그녀가 닭에게 지어 준 우리는 벽에 난방도 설치되어
있고, 환기도 잘 되어서 그야말로 고급 아파트라고 부를
만했다. 그녀는 우리에 푹신한 밀짚도 깔고 전기 등불
도 달아 주었다. 게다가 그것으로도 모자라 닭들을 위
한 전용 텔레비전까지 설치해 줄 생각까지 했다. 해바라
기 씨·포도·튀긴 옥수수·배·케일 등 영양가 있는 사

료를 듬뿍 챙겨 먹였으며 손수 주걱을 들고 가 배설물을 치워 주며 지극 정성으로 보살폈다.

그녀는 등받이가 없는 초록색 스툴에 발을 얹고 앉아 닭들을 물끄러미 관찰하는 일을 좋아했다.

"쟤들이 서로 끌어안고 있어! 두세 마리가 한꺼번에 내 무릎에 앉았네. 누가 알았겠어? 예전에는 존재하는지도 몰랐던 전혀 다른 차원의 애정을 발견한 느낌이야!"

어쩌면 놀랍게 들릴지도 모르겠지만 워커는 자신이 사랑하는 닭들이 낳은 달걀을 먹는 데 전혀 거리낌이 없었다.

"한 입 한 입 먹을 때마다 닭들에 대한 제 애정은 더욱더 깊어져만 가는걸요."

워커와 닭들의 관계는 날이 갈수록 깊어졌다. 매일 아침 워커는 바깥으로 나가 "좋은 아침이야, 얘들아! 엄마가 왔단다."라고 반갑게 인사했고 닭들이 균형을 잡고 앉을 수 있게 어깨를 내어 주었다. 워커는 닭들 곁에 갈 때면 늘 안경을 착용했다. 반짝이는 것(반짝이는 눈알 같은 것 말이다!)이 있으면 무엇이든 쪼아 먹는 닭들의 습성을 잘 알고 있었기 때문이다. 닭들이 까불거나 버릇없이 굴 때는 긴 설교를 늘어놓기도 했다. 때로는 함께 노래를 따라 부르고, 때로는 닭들에게 고대 중국의 철학적인 가르침이 담긴 역경의 구절을 읽어 주기도 했다. 그러다가 닭들 중 어느 하나라도 죽으면 무척 가슴 아파하며 애도했다.

닭들은 사상 속으로도 침투해 들어갔다. 그녀는 닭들과의 새로운 관계로부터 깨달은 것들을 책으로 써냈다. 그 책에 자신이 관찰한 닭들의 생활 습성을 빼곡히 적어 넣었으며 서로 떨어져 있는 동안 닭들을 생각하며 쓴 편지와 시도 함께 실었다.

뉴스에 나오는 사건 사고, 사람과 동물 간의 상호 의존성, 어린 시절의 기억 등 닭들은 워커에게 여러 방면으로 허심탄회한 의견을 털어놓을 수 있는 친구이기도 했다. 그렇게 그녀는 인도의 민족 운동 지도자 마하트마 간디에 대한 글을 쓰고, 가수 마이클 잭슨에 대한 헌사를 쓰며, 자기 자신에 대한 수수께끼 및 인생의 수수께끼에 대해 깊이 몰입해 생각할 시간을 가질 수 있었다.

"지난 수개월 동안 닭들은 내가 한 번도 들어가 보지 못한 열린 공간들을 뚫고 들어갔습니다."

그녀에게 닭들은 진정한 스승이자 천사였다. 그리고 앨리스 워커가 닭들과 함께 공동생활을 하는 동안, 『컬러 퍼플』은 미국 전역에서 가장 많이 읽힌 책 다섯 권 안에 들었다.

Joan K. Rowling

# J. K. 롤링

## 반려동물을 키워야 할 최고의 이유

　평생 반려동물 애호가로 살아온 영국의 작가 J. K. 롤링은 살아남은 아이 '해리 포터'를 주인공으로 하여 실재 및 상상 속 동물들의 활약상을 담은 일곱 권의 책으로 최고의 인기를 누리는 작가이다.

4세의 조앤 롤링이 홍역에 걸려 누워 있을 때, 조앤의 아버지는 케네스 그레이엄의 『버드나무에 부는 바람(The Wind in the Willows)』이라는 책을 읽어 주었다. 두더지, 물쥐, 두꺼비 아저씨, 오소리가 함께 나누는 우정에 관한 책이었다.

조앤은 6세에 글을 쓰는 일에 도전했다. 그리고 토끼를 주인공으로 한 이야기책을 지어 「토끼」라는 제목을 붙였다. 그녀는 「토끼」를 시리즈로 만들고 여동생에게 읽어 주었다. 그 시절 조앤이 특히 좋아했던 책은 리처드 스캐리의 작품들, 그중에서도 『나는 토끼입니다(I Am a Bunny)』처럼 동물이 나오는 책이었다.

조앤은 그 무엇보다도 토끼를 키우고 싶어 했지만 그녀가 처음으로 함께 살게 된 반려동물은 강아지였다. 대신 조앤은 강아지에게 디즈니 애니메이션 〈밤비〉의 토끼 캐릭터에서 따온 '섬퍼'라는 이름을 붙여 주었다. 병든 섬퍼를 안락사 시켜야만 했을 때는 그 일이 어찌나 슬펐던지 조앤은 어른이 된 지금도 그 느낌을 생생히 기억할 수 있다고 한다. 섬퍼 이외에도 조앤은 열대어 🐟, 기니피그 두 마리 🐹🐹 그리고 '미스티'라는 이름의 또 다른 강아지 🐕 를 길렀다. 그중 기니피그는 안타깝게도 여우에게 잡아 먹혔지만 강아지 미스티는 그녀가 대학에 갈 때까지 함께했다고 한다.

훗날 조앤은 자신의 11세 때 모습을 바탕으로 〈해리 포터〉 시리즈의 여자 주인공 '헤르미온느 그레인저'를 구상했다고 말했다. 11세의 조앤 롤링은 일곱 개의 저주받은 다이아몬드와 그것을 소유한 사람들에 대한 소설을 썼다. 실질적으로 그녀가 쓴 첫 소설이었다. 어른이 된 그녀는 그 소설에 이렇다 할 줄거리 구성도 등장인물의 발전 과정도 없다는 것을 주저 없이 시인했다.

더 좋은 글을 쓰기 위해 조앤은 닥치는 대로 많은 책을 읽었다. 어려서 가장 좋아했던 책은 C. S. 루이스가 쓴 『사자와 마녀와 옷장(The Lion, the Witch, and the Wardrobe)』 그리고 엘리자베스 굿지가 쓴, 여러모로 〈해리 포터〉 시리즈에 끼친 영향이 뚜렷이 드러나는 판타지 소설 『작은 백마(The Little white Horse)』였다. 차차 시간이 지나면서 조앤은 제인 오스틴에게 마음

을 빼앗겼다. 그중에서 가장 좋아한 작품으로는
『에마(Emma)』를 손에 꼽았다.

엑서터대학에 다니던 시절의 조앤은 검
은 눈 화장에 어두운 고스 스타일의 옷을
즐겨 입고 다니던 학생이었다. 그녀는 공부
를 하기 보다는 혼자서 찰스 디킨스나 J. R.
R. 톨킨의 책을 읽는 것을 즐겼다. 특히 디킨스
의 『두 도시 이야기』를 읽었을 때는 맨 마지막 구절
에 너무도 감명을 받아 흘러내리는 눈물을 멈출 수 없었다고 한다. 그 구
절은 다음과 같다.

"지금 내가 하려는 이 일은 내가 할 수 있을 그 어떤 일보다 훨씬 더 훌
륭하고 아름다운 일입니다. 지금 내가 취하게 될 이 휴식은 내가 아는 그
어떤 휴식보다 훨씬 더 편안한 휴식이 될 것입니다."

국제앰네스티에서 연구원 및 비서로도 일한 조앤은 삶의 우회로로써 포
르투갈에 가서 영어를 가르쳤다. 그러나 그곳에서의 짧은 결혼 생활을 끝내
고 딸 제시카와 함께 스코틀랜드의 에든버러로 돌아와 정착했다.

〈해리 포터〉 시리즈에 대한 발상이 처음 떠오른 것은 1990년 연착되어
멈추어 있는 기차 안에 앉아 있을 때였다. 당시 수중에는 메모를 할 만한
펜이나 눈 화장 도구조차 없었기에 조앤은 떠올린 내용을 전부 머릿속으로
구상하고 기억해야 했다. 집에 돌아온 그녀는 작은 싸구려 공책에 그 내용
을 모두 적어 두었다. 그 후 한 비행기 안에서는 호그와트 마법 학교에 있

는 네 개의 기숙사에 대한 발상이 추가로 떠올랐다. 그때 그녀는 그 발상을 기내용 멀미 봉지 뒤에 적어서 가져왔다.

그 후로 5년에 걸쳐 조앤은 일곱 권의 시리즈에 들어갈 전체 내용을 구상해 냈다. 그중에서도 가장 마지막 권의 마지막 장 내용은 그녀가 맨 처음에 써 둔 것이며, 나머지는 대개 손에 잡히는 대로 아무 종이에나 적어 신발 상자 안에 넣어 보관했다고 한다.

그녀는 엘리펀트 하우스를 포함한 카페 등지에 앉아서 글을 썼다. 아기 제시카가 잠이 잘 드는 곳이라면 어디든지 상관없었다. 이때 그녀는 수많은 난항과 고초를 겪으며 정부에서 싱글맘에게 주는 보조금을 받아 생활했는데, 훗날 이때를 회상하며 "그 시기의 저는 제가 아는 최고의 실패자였습니다."라고 말하기도 했다.

조앤은 훗날 『해리 포터와 마법사의 돌(Harry Potter and the Sorcerer's Stone)』이라는 작품으로 출판된 원고를 다른 출판사 열 두 군데에 먼저 보냈다. 그 출판사들은 하나같이 모두 거절의 답신을 보냈는데, 아마도 그 결정에 대해서 훗날 엄청난 후회를 했을 것이다. 마침내 출판을 맡기로 한 출판사에서는 조앤에게 따로 본업을 구하는 게 좋겠다고 조언해 주었다. 아동 도서로는 돈을 벌 확률이 매우 희박한 까닭이었다. 그 출판사는 초판으로 단 1,000부만을 간행했다.

출판사에서는 또한 조앤에게 더 중성적인 느낌이 드는 필명을 만들어 보자고 제안했다. 여성 작가라는 선입견 때문에 남자 아이들이 꺼려 할 가망성을 줄이기 위해서였다. 조앤은 원래 중간 이름이 없었지만, 할머니의 이름인 캐슬린(Kathleen)을 이름 가운데 넣어 'J. K. 롤링'이라는 필명을 정했다. (훗날 조앤은 어른들을 대상으로 한 책을 쓰면서 아동 도서와 차별을 두기 위해 로버트 갈브레이스라는 필명을 새로 만들어 냈다)

〈해리 포터〉 시리즈 첫 번째 책이 나오기 직전 스코틀랜드 예술 위원회는 그녀에게 창작 지원금을 지원해 주었다. 그녀는 이 일로 인해 스코틀랜드에 평생 감사하는 마음을 갖게 되었다. 처음으로 반려동물을 기를 수 있는 여유도 이때 생겼다. 그녀는 기다렸다는 듯이 열대어 🐟 를 시작으로 '카오스'라고 이름 붙인 고양이 🐈 , '재스민'이라는 이름의 기니피그 🐹 를 집으로 들였다. 그리고 마침내 '제미마'라는 이름의 토끼 🐇 도 갖게 되었다.

〈해리 포터〉 시리즈의 세계관을 구축해 나가는 동안 그녀는 개에게 가장 큰 애정을 주었다. 하루는 잭러셀테리어 '부치'를 데리고 앞으로 같이 살 새 친구를 구하러 나섰다. 그날 입양해 온 개는 '사파이어'라는 이름으로 불리게 될 그레이하운드 구조견이었다. 그런데 사파이어는 조앤과 한 방에 있어도 될지 아닐지 좀처럼 마음의 결정을 내리지 못하는 것 같았다. 그 바람에 조앤은 〈해리 포터〉 시리즈를 집필해야 할 중요한 시간에

번번이 자리에서 일어나 문을 열고 또 닫아 주는 일을 반복해야만 했다.

　언젠가 해리 포터와 부엉이 헤드위그 간의 끈끈한 우정에 큰 감명을 받은 열혈 팬들 때문에 부엉이들이 실제로 엄청나게 팔려 나가는 현상이 발생했다. 그러나 부엉이는 반려동물로 별로 적합하지 않았다. 위험한 데다가 버려지는 경우가 너무 많기 때문이었다. 그때 조앤은 독자들에게 이런 제안을 던졌다.

　"부엉이를 향한 열망이 여러분 내부에서 끓어오른다면 조류 보호소에 사는 부엉이를 찾아 후원해 주는 것이 어떨까요?"


　〈해리 포터〉 시리즈는 폭발적인 반응을 일으키며 출판계의 전설이 되었다. 시리즈의 마지막 권은 역사상 가장 빠르게 팔려나간 책으로 기록되기도 했다. 무려 65개의 언어로 번역되었고 어른들도 포함해 아이들 사이에서 새로운 독서 열풍을 일으킨 역사적인 작품으로 인정받게 되었다.


　2004년에 롤링은 문인으로서 처음 억만장자의 대열에 올랐다. 그러나 그 지위는 오래 유지되지 못했다. 자선 단체를 돕는 일에 엄청난 돈을 쏟아부었기 때문이다. 그렇다고는 해도 그녀는 여전히 남부럽지 않은 부자이며 키우고 싶은 동물이 있으면 어떤 동물이건 간에 언제든 쉽게 입양해 올 수 있다.


　〈해리 포터〉 시리즈에 나오는 등장인물들(특히 사냥터지기인 해그리드의 경우) 또한 작품 안에서 많은 동물을 기른다. 그중엔 쥐나 고양이 같은 일반

동물뿐 아니라 불사조·히포그리프·유니콘·용·마법을 쓰는 부엉이 같은 상상 속 동물들도 많다.

현재 조앤은 재혼한 남편과 그 사이에서 낳은 두 명의 아이 그리고 제시카와 함께 에든버러에서 살고 있다. 실제로도 엄청난 애견가로 알려진 조앤은 웨스트하이랜드테리어에게 (자매인 에밀리나 샬럿만큼은 유명하지 않은) 작가 앤 브론테에서 따온 '브론테'라는 이름을 붙여 주었다. 그 이름은 또한 브론토사우르스의 줄임말로도 해석될 수 있는데 한번은 조앤이 다음과 같이 언급하기도 했다. "실제로 그 녀석이 '브론테'라는 이름으로 불리는 일은 거의 없답니다. '절대 이름을 말해서는 안 되는 그녀'와 다르게 브론테에게는 별명이 백 개는 될 정도로 많거든요."

열성적인 트위터 활동을 하는 것으로도 유명한 조앤은 꾸준히 트위터에 스코틀랜드 정치나 미국 정치, 럭비, 자신이 후원하는 수많은 자선 단체, 해리 포터에 대한 소소한 사실, 브론테의 소식을 올리곤 한다. 언젠가 그녀는 브론테가 자신의 키보드 위에 앉아 있는 사진을 올리며 "오늘은 그만 일을 끝낼 때가 되었음을 알려 주는 개의 신호"라는 설명을 붙이기도 했다. 그런가 하면 다른 포즈의 브론테 사진을 올리며 "언젠가는 엄마가 저를 주인공으로 써 주겠지요? 저는 끈기 있게 기다리고 있어요."라는 코멘트를 넣기도 했다.

한번은 '위레이트도그즈'라는 인기 트위터 계정에 브론테가 보트 위에서 거센 바람을 맞으며 유난히 귀여운 모습으로 앉아 있는 사진을 게시했다.

그걸 본 유저들은 빠른 속도로 브론테에게 진정한 유명인들만이 누릴 수 있는 10점 만점에 13점이라는 경이로운 점수를 주었다. 그것을 본 조앤은 한동안 글감이 떠오르지 않아 고생하고 있었는데 마침 이런 좋은 소식을 접하게 되어 슬럼프가 말끔히 치유되었다고 트위터를 통해 밝혔다.

작가로서 반려동물을 키우는 이유를 들어야 한다면 이것이야말로 더는 바랄 수 없는 최고의 이유가 아닐까?

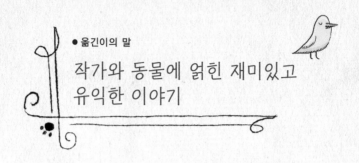

# 작가와 동물에 얽힌 재미있고
# 유익한 이야기

사람의 성격, 취향, 행동 유형을 표현할 때 개나 고양이에 빗대어 말하곤 한다. 개는 사회적인 동물로 무리를 지어 다니며 충성심이 강하고 길들여지는 특성이 있는 반면, 고양이는 독립적인 동물로 홀로 다니며 자의식이 분명하고 반항적인 특성이 있는 데에서 나온 것이다.

그렇다면 한번 맞추어 보자. 존 스타인벡, 버지니아 울프, 엘리자베스 바렛 브라우닝의 공통점은 뭘까? 맞다, 이들은 모두 개를 끔찍이 아끼고 가까이 했던 작가들이다. 그럼 마크 트웨인, 찰스 디킨스, 에드거 앨런 포, 어니스트 헤밍웨이는? 그렇다, 이들은 고양이라면 사족을 못 쓴 '집사 작가'들이다.

제목이 알려 주는 것처럼 이 책은 작가와 반려동물을 주제로 한 책이다. 19세기 시인 엘리자베스 바렛 브라우닝에서 〈해리 포터〉 시리즈로 21세기 인기 최정상에 오른 작가 J. K. 롤링까지, 과거에서 현재에 이르는 순서로 총 20명의 작가들을 다루었다. 이들이 어떤 사연으로 반려동물을 키웠고 서로 어떤 영향을 주고받았는지 또 반려동물로 인해 어떤 신기하고 놀라운 일을 겪었는지 일반 전기에서 나오지 않는 재밌는 이야기들이 주를 이룬다.

개나 고양이같이 일반적이지 않고 특이한 반려동물을 키운 작가들 이야기도 흥미롭다. 닭을 좋아해 책까지 쓴 앨리스 워커, 공작새 군락을 이루고 살며 으스스한 고딕 소설을 쓴 플래너리 오코너, 생쥐와 토끼에 집착하여 해부까지 서슴지 않은 베아트릭스 포터, 이러한 이야기들은 언제나 더 생소하고 재미나다.

여기서 끝이 아니다. 작가의 생애, 작품 세계, 대표작, 흥미로운 뒷이야기까지 유용한 정보도 가득하다. 여러 작가들이 이어져 있는 관계는 신기하기도 하다. 디킨스가 기르던 까마귀를 소재로 시를 쓴 에드거 앨런 포, 그 시를 훌륭하게 평가해 준 엘리자베스 바렛 브라우닝, 그녀에게 시집을 통째로 헌정한 포, 브라우닝의 개를 화자로 삼아 유쾌한 책을 쓴 버지니아 울프, 파리 살롱을 드나들며 거트루드 스타인과 형 아우로 지낸 어니스트 헤밍웨이, 역사 속 인물로만 느껴졌던 작가들이 한결 가깝게 느껴진다. 가볍게 읽어 나가는 사이 유익한 상식도 머릿속에 꼭꼭 채워진다.

얼마 전 미국 드라마를 보는데 뜬금없이 커트 보니것의 책 이야기가 나왔다. 전 같으면 이름만 알았던 작가라 별 뜻 없이 넘겼을 텐데, 이 책 덕분에 이번엔 상황과 묘하게 맞물리는 은밀한 암시가 와닿았다. 재미도 그만큼 커졌다.

재미에 상식까지, 두 마리 토끼를 한 번에 잡는 책이다. 평소에 좋아했던 작가의 이야기가 나오면 더욱 흥미롭게 책장을 넘길 수 있고, 몰랐던 작가가 나오면 새로운 감동을 접할 기회가 된다. 호기심이 생겨 작품을 찾아 읽어 보고 생각지 못한 멋진 작품을 만나면 그건 그대로 뜻밖의 수확이 아닌가.

－전 하 림

# 더 알아보기

책 곳곳에서 만날 수 있는 여러 작가들과 예술가들의 작품을
더욱 깊이 알아보고 싶다면 이곳에 수록된 작품 목록을 참고하시기 바랍니다.

### 들어가며

6쪽, 줄리아 존스의 「레일 카뎃(Rail Cadet)」에서 발췌, 2018.

### 에드거 앨런 포

22쪽, 에드거 앨런 포 지음, 에드먼드 클래런스 스테드맨 해설, 구스타브 도어 그림, 『갈가마귀(The Raven)』, 1884.

### 마크 트웨인

39쪽, 마크 트웨인 지음, F. 스트로스먼 그림, 『캘러베러스의 명물 뜀뛰는 개구리(The Celebrated Jumping Frog of Calaveras County)』, 1904.
43쪽, 마크 트웨인이 〈뉴욕 아메리칸〉에 게재한 밤비노를 찾는 광고, 1905.
45쪽, 사진작가 미상, 영국 식민지 세계 일주 책자 표지, 1895~1896.

### 베아트릭스 포터

51~53쪽, 베아트릭스 포터가 그린 다양한 스케치들, 1875.
54쪽, 베아트릭스 포터·베르트람 포터가 만든 크리스마스 카드, 1890.

55쪽, 베아트릭스 포터가 노엘 무어에게 보낸 토끼 그림, 1893.

56쪽, 베아트릭스 포터가 개인적으로 출간한 『피터 래빗 이야기(The Tale of Peter Rabbit)』, 1901.

## 버지니아 울프

76쪽, 버지니아 울프 지음, 바네사 벨 그림, 『플러쉬: 어느 저명한 개의 전기(Flush: A Biography)』, 1933.

## E. B. 화이트

97쪽, E. B. 화이트 지음, 에드워드 프라스치노 그림, 『백조의 트럼펫(The Trumpet of the Swan)』, 1970.

E. B. 화이트 지음, 가스 윌리엄스 그림, 『샬롯의 거미줄(Charlotte's web)』, 1952.

E. B. 화이트 지음, 가스 윌리엄스 그림, 『스튜어트 리틀(Stuart Little)』, 1945.

## 존 스타인벡

121쪽, 존 스타인벡 지음, 『찰리와 함께한 여행(Travels with Charley: In Search of America)』, 1962.

## 마거리트 헨리

123쪽, 마거리트 헨리 지음, 웨슬리 데니스 그림, 『미스티: 친커티그섬의 비밀(Misty of Chincoteague)』, 1947.

## 파블로 네루다

135쪽, 네루다의 시를 인용한 바히하 쉐하브 그라피티 아트, "모든 꽃을 꺾어 버린다 해도 봄이 오는 것은 막을 수 없습니다."

## 모리스 센닥

149쪽, 모리스 센닥 지음, 『괴물들이 사는 나라(*Where the Wild Things Are*)』, 1963.

150쪽, 마크 트웨인 지음, 『왕자와 거지(*The Prince and the Pauper*)』, 1882.

153쪽, 모리스 센닥 지음, 『무슨 상관이람?(*Pierre: A Cautionary Tale in Five Chapters and a Prologue*)』, 1962.


## 앨리스 워커

163쪽, 앨리스 워커 지음, 『컬러 퍼플(*The Color Purple*)』, 1982.

166쪽, 왕 양 · 존 샌디퍼 지음, 『역경(*The Authentic I Ching: The Essential Guide to Reading and Using the I Ching*)』, 1999.

166쪽, 앨리스 워커 지음, 줄스 프레져 · 게티이미지 표지, 『닭 연대기(*The Chicken Chronicles: Sitting with the Angels Who Have Returned with My Memories*)』, 2011.


## J. K. 롤링

170쪽, 케네스 그레이엄 지음, 어니스트 셰퍼드 그림, 『버드나무에 부는 바람(*The Wind and the Willows*)』, 1954.

172쪽, 찰스 디킨스 지음, 리처드 샤프 그림, 『두 도시 이야기(*A Tale of Two Cities*)』, 1954.

177쪽, J. K. 롤링이 찍은 브론테의 사진.

### 캐슬린 크럴 Kathleen Krull

미국 포르 레오나르드 우드에서 태어났다. 로렌스대학을 졸업한 뒤 출판사 편집자로 일하다가, 마침내 작가로 본격적인 활동을 시작했다. 획기적인 논픽션 작품을 펴내는 것으로 유명하며 현재 캘리포니아주 샌디에이고에서 살고 있다. 지은 책으로는 『지그문트 프로이트』, 『방귀대장 조』, 『루이스 캐럴과 이상한 나라의 앨리스의 비밀』, 『작가들과 반려동물의 사생활』 등이 있다.

### 바이올렛 르메이 Violet Lemay

미국에서 일러스트레이터이자 예술 감독으로서 활발히 활동하고 있다. 주요 작품으로는 『100명의 피카소』, 『오바마』, 『작가들과 반려동물의 사생활』 등이 있다.

### 전하림

한국교원대학교 영어교육과와 호주 맥쿼리 통번역 대학원을 졸업한 뒤, 번역문학가로 활동하고 있다. 옮긴 책으로 『브로크백 마운틴』, 『빈센트 그리고 테오』, 『곰돌이 푸』, 『슐리만의 트로이 발굴기』, 『내가 죽은 뒤에 네가 해야 할 일들』, 『패션 플래닛』, 『카프카와 함께 빵을』, 『작가들과 반려동물의 사생활』 등이 있다.

　이 책은 여러 작가들에게 찬사를 보내는 동시에 그들의 작품 세계를 탐구하고 해석하기 위해 쓰인 창작 저작물입니다. 일러스트레이터 바이올렛 르메이는 새롭고 독창적인 일러스트를 통해 이 책에 등장하는 예술가들의 작품에 담긴 다양한 면모를 드러내 주었습니다. 그녀는 이 책에 등장하는 작가들의 작품에 깊은 감명을 받은 수천 명의 예술가 중 한 명이기도 합니다. 르메이의 일러스트는 작가들과 반려동물이 공유한 관계를 독자들에게 더욱 쉽게 이해시키고 논평·비평·지도 등의 목적으로 쓰이는 것을 돕기 위해 수록되었습니다.